생각 씨앗을 키우는
초등 문해력 신문
1호

KC마크는 이 제품이 공통안전기준에 적합하였음을 의미합니다.
제조자명 ㈜이퍼블릭
제조국 대한민국
사용 연령 7세 이상
주의 사항
  • 책장에 손이 베일 수 있으니 주의하세요.
  • 던지거나 떨어트려서 다치지 않게 주의하세요.

생각 씨앗을 키우는
초등 문해력 신문 1

| 초판 1쇄 | 발행일 | 2024년 6월 30일 |
| 초판 7쇄 | 발행일 | 2025년 9월 15일 |

| 지은이 | 김병섭 김용세 |
| 펴낸이 | 유성권 |

편집장	윤경선
편집	김효선 조아윤　홍보　윤소담 박채원　디자인 박정실
마케팅	김선우 강성 최성환 박혜민 김현지
제작	장재균　　물류　김성훈 강동훈

펴낸곳	㈜이퍼블릭
출판등록	1970년 7월 28일, 제1-170호
주소	서울시 양천구 목동서로211 범문빌딩 (07995)
대표전화	02-2653-5131	팩스 02-2653-2455
메일	loginbook@epublic.co.kr
블로그	blog.naver.com/epubliclogin
홈페이지	www.loginbook.com

• 이 책은 저작권법으로 보호받는 저작물이므로 무단 전재와 복제를 금지하며, 이 책 내용의 전부 또는 일부를 이용하려면 반드시 저작권자와 ㈜이퍼블릭의 서면 동의를 받아야 합니다.
• 잘못된 책은 구입처에서 교환해 드립니다.
• 책값과 ISBN은 뒤표지에 있습니다.

로그인 은 (주)이퍼블릭의 어학·자녀교육·실용 브랜드입니다.

경제 | 사회 | 환경 | 과학 | 문화 | 세계 | 예술   1호

생각 씨앗을 키우는
초등 문해력 신문

김병섭·김용세 지음

**하루 30분,
진짜 생각이 자라는 매일 신문 읽기**

로그인

서문

초등학교 교실에서 "최근에 종이 신문 읽어본 사람 손들어 보세요."라고 묻는다면 어떤 결과가 나올까요? '서너 명 정도는 손을 들겠지.' 하는 마음으로 직접 물어보았습니다. 놀랍게도 손을 든 아이는 한 명도 없었습니다. 되레 아이들은 이렇게 되물었습니다. "선생님, 신문은 인터넷으로 보는 거 아닌가요?" 고개를 갸웃거리며 저를 바라보는 아이들에게 무슨 말을 해주어야 할지 무척 난감했습니다.

요즘 아이들은 종이 신문은 물론이고 종이책도 즐겨 읽지 않습니다. 방과 후 학교 풍경은 예전과 사뭇 다릅니다. 책을 읽는 아이들은 극소수이고, 스마트폰으로 유튜브 영상을 보거나 게임을 하는 아이들이 대부분입니다. 독서의 즐거움을 느끼는 아이들이 빠르게 줄어들고 있는 것이지요. 이런 현상은 어른이라고 해서 다르지 않습니다. 필요한 정보를 찾을 때 어른들 역시 책이나 종이 신문보다 스마트폰이나 컴퓨터를 이용하는 경우가 훨씬 더 많습니다.

유튜브나 넷플릭스 같은 영상 매체는 우리에게 정보와 재미를 쉽고 빠르게 전달해 줍니다. 대신 깊이 생각할 시간은 주지 않지요. 아이들은 글을 읽고 어휘 하나하나를 곱씹으며 깊이 생각하는 활동이 필요합니다. 하지만 디지털 세상은 아이들을 책에서 점점 멀어지게 만들고 있습니다.

많은 교육 전문가들이 문해력을 키우려면 독서를 잘해야 한다고 합니다. 하지만 뚜렷한 해법을 제시하는 경우는 많지 않습니다.

"작가님, 어떻게 하면 우리 아이가 책을 읽을까요?"
"선생님, 아이들 문해력을 기르려면 어떻게 해야 하나요?"

　초등 교사이자 동화 작가로서 종종 받는 질문입니다. 문해력을 기르는 것은 생각보다 어렵지 않습니다. 생활 속에서 아이들이 관심을 가질 만한 이야기를 다양한 어휘로 접할 수 있게 해주면 됩니다. 이왕이면 재미있고 생활 속에서 적용해 볼 만한 내용이면 더 좋겠죠. 여기에 하루 30분, 아니 한 쪽이라도 누군가와 함께 글을 읽고 대화할 수 있다면 효과는 더욱 커질 것입니다.

　아이들이 스스로 글을 읽고 생각을 키울 수 있는 책을 고민하는 과정에서 이 책《생각 씨앗을 키우는 초등 문해력 신문》이 탄생했습니다. 이 책을 쓴 목적은 단순 명료합니다. 아이들 스스로 글을 읽고 생각을 키워 나갈 수 있는 책을 만들고 싶었습니다. 이 책에 나온 글을 매일 조금씩 읽고 생각한 내용을 글로 적어 보세요. 문해력과 사고력이 저절로 향상될 것입니다.

　이 책에는 흥미로운 신문 기사 40개와 문해력 향상을 돕는 단계별 학습 코너가 담겨 있습니다. 생각 씨앗을 심는 것으로 시작하여 생각 열매를 맺는 학습 코너를 따라가다 보면 자연스럽게 생각이 자라는 과정을 경험하게 될 것입니다. 학습 코너에는 아이들의 대화를 넣어 생동감을 더했고, 한자 풀이를 넣어 어휘력이 향상되도록 하였습니다. 만약 친구들과 함께 신문 기사를 읽고 토론을 한다면 더욱 유익할 것입니다.

　신문은 세상을 바라보는 눈입니다. 어린이 여러분이《생각 씨앗을 키우는 초등 문해력 신문》을 읽고, 문해력 향상을 넘어 세상을 바라보는 눈을 키울 수 있으면 좋겠습니다.

_김병섭, 김용세

이 책의 구성과 특징

1 신문 읽기

신문 기사를 소리 내어 유창하게 읽어요.

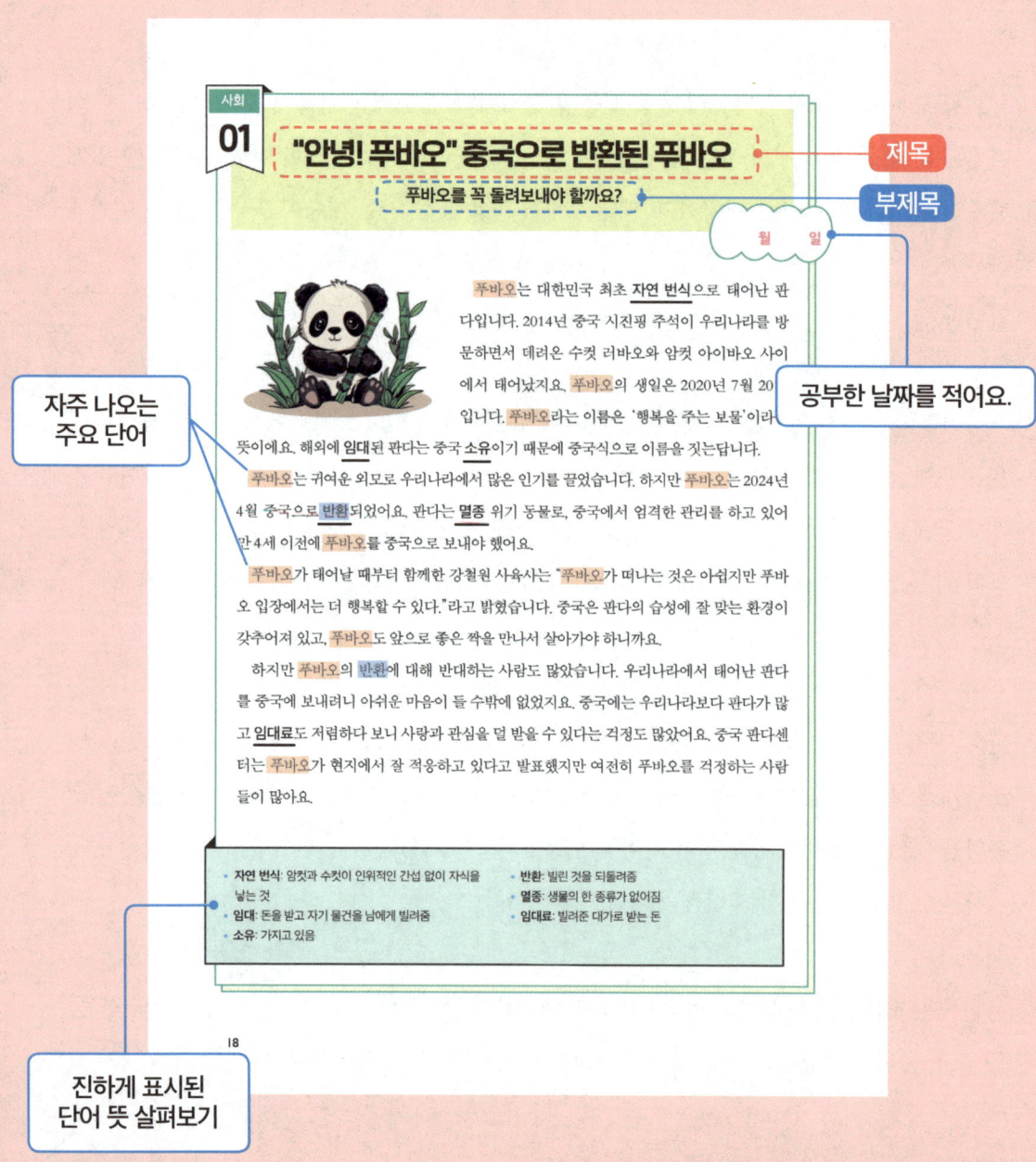

❷ 생각 씨앗

기사의 제목과 주요 단어를 살펴보며 중심생각을 찾아요.

생각 씨앗

❶ 신문 기사를 소리 내어 읽었나요? ☑ ← 자연스럽게 읽을 수 있을 때까지 2~3번 소리 내어 읽고 체크해요.

❷ 기사의 제목을 적어 보세요. ← 기사 제목을 그대로 옮겨 적어요.

❸ 기사에서 많이 나온 주요 단어는 무엇인가요?

| ㅍ | ㅂ | ㅇ | , | ㄴ | ㅊ |

← 자음 힌트를 참고하여 답을 적어요.

생각 톡톡

❶ 푸바오는 대한민국 최초 □□□ 으로 태어난 판다예요.

❷ 푸바오는 수컷 □□ 와 암컷 □□□ 사이에 태어났어요.

❸ 푸바오는 2024년 □월 중국에 반환되었어요.

❹ 푸바오를 중국에 보내는 이유는 무엇인가요?
....
....

❺ 푸바오를 중국에 보내는 것을 왜 반대할까요?
....
....

← 문제를 끝까지 풀고 뒷면의 답을 확인해요.

❸ 생각 톡톡

문제를 풀며 신문 기사의 사실적인 내용을 파악해요.

4 생각 쑥쑥

친구들의 대화를 살펴보며 자기 생각을 떠올려요.

> 친구들의 대화를 소리 내어 읽어 보고 여러분이라면 어떤 말을 할지 생각해 보세요.

생각 쑥쑥

 푸바오를 꼭 중국에 보내야 할까? 푸바오는 대한민국에서 태어났는데 중국에 보내려니 너무 아쉬워.

강철원 사육사님이 푸바오를 키우기 위해 얼마나 고생하셨는지 방송에서 봤어. 나도 돌려보내기 싫지만 원래 중국에서 데려온 판다이니 돌려보내는 것이 맞지 않을까?

 판다는 멸종 위기 동물이라 중국에서 엄격하게 관리하고 있어. 푸바오뿐만 아니라 전 세계에 보내진 수많은 판다는 계약 기간이 끝나면 중국으로 돌아간대.

생각 열매   친구들의 대화를 바탕으로 자신의 생각을 적어 보세요.

- 중국으로 돌아간 푸바오에게 응원의 편지를 써 보세요.

5 생각 열매

친구들의 대화를 떠올리며 자기 생각을 표현해요.

6 한자로 어휘 쑥쑥 및 생각 정리

한자의 뜻을 살펴보며 어휘력을 키우고 신문 기사를 한 문장으로 요약해요.

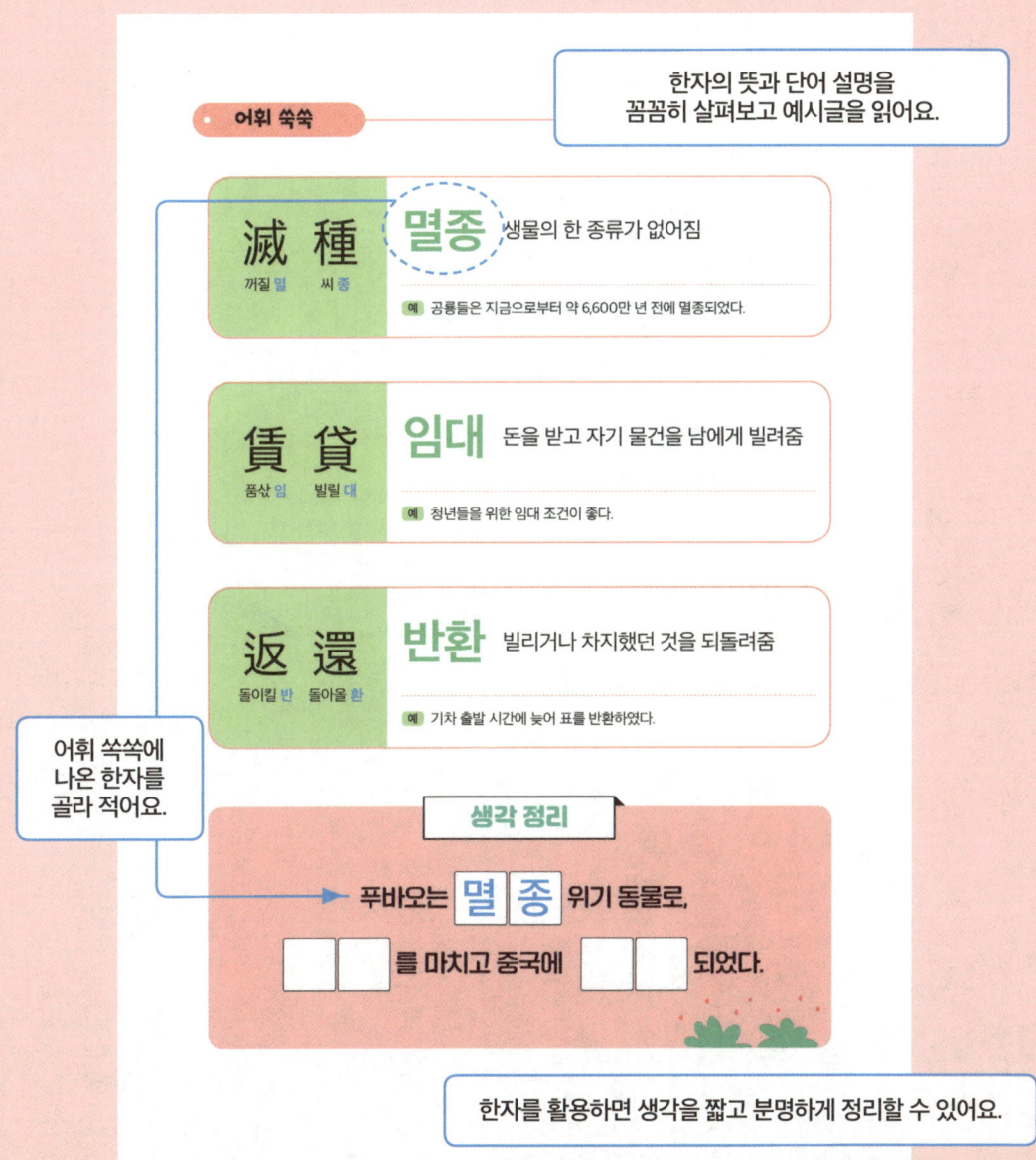

7 생각 놀이터

기사와 관련된 재미있는 활동이나 생각해 볼 수 있는 내용이 담겨 있어요.

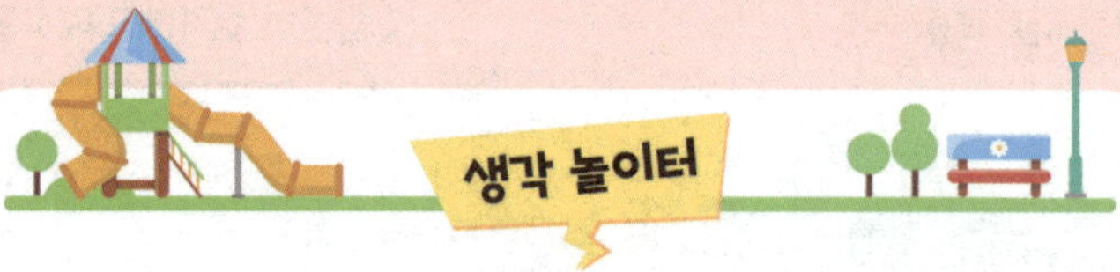

생각 놀이터

맛있지만 적당히 먹어요

세계보건기구(WHO)에 따르면 하루 당류 섭취량은 25g 미만으로 줄이는 것이 좋다고 합니다. 그런데 우리가 즐겨 먹는 탕후루 한 개에는 대략 14~27g의 당이 들어 있습니다. 하루에 탕후루 두 개만 먹어도 하루 권장 섭취량을 넘어서는 거죠.

한국소비자원이 조사한 결과를 보면 스무디 한 잔에는 65g, 달콤한 커피 음료에는 37g, 콜라 한 캔에는 26g의 당이 들어 있습니다. 탕후루만 나쁜 음식이라고 지적할 문제가 아니라 달콤하고 맛있는 간식의 유혹에 자주 넘어가지 않고 적당히 먹는 게 어떨까요?

- 여러분이 먹고 싶은 탕후루를 그려 보세요.

38

차 례

서문 04
이 책의 구성과 특징 06

1주차

01	사회	"안녕! 푸바오" 중국으로 반환된 푸바오	18
02	과학	세계는 지금 챗GPT 열풍	22
03	문화	달콤한 탕후루의 유혹	26
04	환경	기후 위기 1.5도를 지켜라	30
05	사회	빈대 공포, 현실이 되다	34

2주차

06	환경	돈 잘 버는 기업? 이제 ESG가 더 중요해요	42
07	사회	배양육, 10년 뒤 식탁에 오를 수 있다	46
08	환경	전기차로 바꾸면 뭐가 좋아요?	50
09	세계	네옴시티, 거대 도시 건설 프로젝트	54
10	사회	편한데 편하지 않은 키오스크 주문	58

3주차

- 11 [문화] 한국식 나이, 왜 바꿔야 하죠? ········· 66
- 12 [사회] 인구 절벽과 저출산의 위험 ··········· 70
- 13 [세계] 2026년 완공, 사그라다 파밀리아 성당 ····· 74
- 14 [사회] 노키즈 존에서 노시니어 존까지 ········· 78
- 15 [과학] 누리호, 우주로 향하다 ············ 82

4주차

- 16 [과학] 딥페이크 기술과 가짜 사진 ··········· 90
- 17 [사회] 소비 기한 표시제 전면 시행 ··········· 94
- 18 [문화] 어른 입맛 저격, 먹태깡 돌풍 ·········· 98
- 19 [사회] 왜 어린이날은 5월 5일이죠? ·········· 102
- 20 [문화] 산리오 캐릭터, 한국을 휩쓸다 ········· 106

5주차

- 21 [문화] 세계로 뻗어나가는 K웹툰 ············ 114
- 22 [환경] 화성보다 지구라고요? ·············· 118
- 23 [사회] 새로운 시대의 주인공이 될 알파 세대 ······ 122
- 24 [과학] 구슬 아이스크림에 특허가 없는 이유는? ···· 126
- 25 [예술] 벽 낮춰 대중 속으로 들어온 뮤지컬 ······· 130

6주차

26	경제	홧김에 세운 회사, 넷플릭스	138
27	문화	마라탕 열풍과 건강의 관계	142
28	사회	메타버스 시대가 열리다	146
29	사회	우리를 더 즐겁게 만드는 저작권법	150
30	과학	제로 콜라와 일반 콜라의 차이	154

7주차

31	환경	환경을 위협하는 생태계 교란종	162
32	과학	드론으로 축구를 한다고?	166
33	사회	식품에 GMO 표기를 해주세요	170
34	경제	최저 임금, 얼마나 올려야 하나?	174
35	사회	노예 해방과 신 노예 제도, 그리고 갑질	178

8주차

36	문화	병든 왕자와 건강한 거지, 당신의 선택은?	186
37	과학	내가 벌새라고요?	190
38	경제	환율이 뭐예요?	194
39	환경	페트병 비닐 라벨, 누가 떼어야 할까?	198
40	사회	MBTI 성격 검사, 어디까지 활용해야 하나?	202

어휘 익히기 **207** | 해답 **216**

신문은 세상을 바라보는 눈입니다.

NEWS 1호

1주차

1주차

주간 학습 계획표

회차	영역	신문 기사	학습 계획일
1	사회	"안녕! 푸바오" 중국으로 반환된 푸바오	월 일
2	과학	세계는 지금 챗GPT 열풍	월 일
3	문화	달콤한 탕후루의 유혹	월 일
4	환경	기후 위기 1.5도를 지켜라	월 일
5	사회	빈대 공포, 현실이 되다	월 일

사회 01

"안녕! 푸바오" 중국으로 반환된 푸바오

푸바오를 꼭 돌려보내야 할까요?

푸바오는 대한민국 최초 **자연 번식**으로 태어난 판다입니다. 2014년 중국 시진핑 주석이 우리나라를 방문하면서 데려온 수컷 러바오와 암컷 아이바오 사이에서 태어났지요. 푸바오의 생일은 2020년 7월 20일입니다. 푸바오라는 이름은 '행복을 주는 보물'이라는 뜻이에요. 해외에 **임대**된 판다는 중국 **소유**이기 때문에 중국식으로 이름을 짓는답니다.

푸바오는 귀여운 외모로 우리나라에서 많은 인기를 끌었습니다. 하지만 푸바오는 2024년 4월 중국으로 **반환**되었어요. 판다는 **멸종** 위기 동물로, 중국에서 엄격한 관리를 하고 있어 만 4세 이전에 푸바오를 중국으로 보내야 했어요.

푸바오가 태어날 때부터 함께한 강철원 사육사는 "푸바오가 떠나는 것은 아쉽지만 푸바오 입장에서는 더 행복할 수 있다."라고 밝혔습니다. 중국은 판다의 습성에 잘 맞는 환경이 갖추어져 있고, 푸바오도 앞으로 좋은 짝을 만나서 살아가야 하니까요.

하지만 푸바오의 반환에 대해 반대하는 사람도 많았습니다. 우리나라에서 태어난 판다를 중국에 보내려니 아쉬운 마음이 들 수밖에 없었지요. 중국에는 우리나라보다 판다가 많고 **임대료**도 저렴하다 보니 사랑과 관심을 덜 받을 수 있다는 걱정도 많았어요. 중국 판다센터는 푸바오가 현지에서 잘 적응하고 있다고 발표했지만 여전히 푸바오를 걱정하는 사람들이 많아요.

- **자연 번식**: 암컷과 수컷이 인위적인 간섭 없이 자식을 낳는 것
- **임대**: 돈을 받고 자기 물건을 남에게 빌려줌
- **소유**: 가지고 있음
- **반환**: 빌린 것을 되돌려줌
- **멸종**: 생물의 한 종류가 없어짐
- **임대료**: 빌려준 대가로 받는 돈

생각 씨앗

❶ 신문 기사를 소리 내어 읽었나요? ☐

❷ 기사의 제목을 적어 보세요.
....

❸ 기사에서 많이 나온 주요 단어는 무엇인가요?

ㅍ　ㅂ　ㅇ　　ㅂ　ㅎ
☐　☐　☐ , ☐　☐

생각 톡톡

❶ 푸바오는 대한민국 최초 ☐☐☐ 으로 태어난 판다예요.

❷ 푸바오는 수컷 ☐☐☐ 와 암컷 ☐☐☐ 사이에 태어났어요.

❸ 푸바오는 2024년 ☐월 중국에 반환되었어요.

❹ 푸바오를 중국에 보내는 이유는 무엇인가요?
....
....

❺ 푸바오를 중국에 보내는 것을 왜 반대할까요?
....
....

생각 쑥쑥

푸바오를 꼭 중국에 보내야 할까? 푸바오는 대한민국에서 태어났는데 중국에 보내려니 너무 아쉬워.

강철원 사육사님이 푸바오를 키우기 위해 얼마나 고생하셨는지 방송에서 봤어. 나도 돌려보내기 싫지만 원래 중국에서 데려온 판다이니 돌려보내는 것이 맞지 않을까?

판다는 멸종 위기 동물이라 중국에서 엄격하게 관리하고 있어. 푸바오뿐만 아니라 전 세계에 보내진 수많은 판다는 계약 기간이 끝나면 중국으로 돌아간대.

생각 열매

- 중국으로 돌아간 푸바오에게 응원의 편지를 써 보세요.

어휘 쑥쑥

滅 種
꺼질 멸 / 씨 종

멸종 생물의 한 종류가 없어짐

예) 공룡들은 지금으로부터 약 6,600만 년 전에 멸종되었다.

賃 貸
품삯 임 / 빌릴 대

임대 돈을 받고 자기 물건을 남에게 빌려줌

예) 청년들을 위한 임대 조건이 좋다.

返 還
돌이킬 반 / 돌아올 환

반환 빌리거나 차지했던 것을 되돌려줌

예) 기차 출발 시간에 늦어 표를 반환하였다.

생각 정리

푸바오는 ☐☐ 위기 동물로, ☐☐를 마치고 중국에 ☐☐ 되었다.

과학 02

세계는 지금 챗GPT 열풍
스스로 학습할 수 있는 대화형 인공지능 서비스

챗GPT에 대해 들어본 적이 있나요? 전 세계는 지금 챗GPT **열풍**에 빠져 있습니다. 챗GPT는 2022년 11월 30일 미국의 **인공지능** 연구소 오픈AI에서 **출시**한 대화형 인공지능 서비스예요. 궁금한 내용을 챗GPT에 물어보면 빠른 속도로 답을 해주지요. 챗GPT는 마치 사람과 대화하는 것 같은 착각을 일으킬 정도로 발전된 인공지능이에요.

챗GPT는 스마트폰에 연결된 빅스비나 시리 같은 인공지능 서비스와는 달라요. 온라인상의 정보를 분석해서 스스로 학습하기 때문이죠. 그래서 질문의 내용을 거의 완벽하게 이해하고 **문맥**에 맞는 대답을 할 수 있어요.

챗GPT는 출시 2개월 만에 월간 사용자 1억 명을 **돌파**할 정도로 엄청난 인기의 중심에 섰습니다. 챗GPT의 등장에 전 세계 기업들은 앞 다투어 비슷한 대화형 인공지능 서비스를 내놓았지요. 구글은 제미나이(Gemini)를 출시했고, 네이버는 클로바X를 공개했어요.

챗GPT를 활용하면 누구나 전문적인 자료를 쉽고 빠르게 만들 수 있어요. 인공지능을 사용해 인간의 **생산성**과 창의성을 끌어올릴 수 있다는 말입니다. 하지만 챗GPT를 이용한 **표절**, 거짓 정보에 노출되는 등의 문제점도 있습니다.

- **열풍**: 매우 세차게 일어나는 기운이나 기세
- **인공지능**: 인간의 지적인 능력을 본떠 만든 인공 시스템
- **출시**: 상품이 시중에 나옴
- **문맥**: 문장 내용의 흐름
- **돌파**: 일정한 기준이나 기록을 넘어섬
- **생산성**: 일정 시간 동안 일을 해서 생산한 양
- **표절**: 시나 글, 노래 따위를 지을 때 남의 작품 일부를 몰래 따다 씀

생각 씨앗

❶ 신문 기사를 소리 내어 읽었나요? ☐

❷ 기사의 부제목을 적어 보세요.

----

❸ 기사에서 많이 나온 주요 단어는 무엇인가요?

| ㅊ | ㅈ | ㅍ | ㅌ |

생각 톡톡

❶ 챗GPT는 2022년 11월 미국에서 출시한 대화형 ☐☐☐ 서비스예요.

❷ 챗GPT는 출시 2개월 만에 사용자 ☐☐ 명을 돌파했어요.

❸ 챗GPT에 관한 설명으로 올바르지 않은 것은? (　　　)

　① 챗GPT는 온라인상의 정보를 분석해서 스스로 학습할 수 있다.
　② 챗GPT를 활용하면 전문적인 자료를 쉽고 빠르게 만들 수 있다.
　③ 챗GPT와 비슷한 인공지능 서비스로는 구글의 제미나이(Gemini)가 있다.
　④ 챗GPT는 시간이나 날씨를 물어볼 수 있는 낮은 수준의 인공지능이다.

생각 쑥쑥

챗GPT와 같은 인공지능이 무조건 좋다고만은 할 수 없어. 미국의 금융 투자 회사인 골드만삭스에서 진행한 연구에 따르면 4명 중 1명은 인공지능의 발전으로 일자리를 잃을 수 있대.

챗GPT 같은 인공지능을 잘 활용하면 생산성이 높아질 거야! 그러면 오히려 인공지능과 관련된 새로운 일자리가 생겨나지 않을까? 어떻게 활용하느냐가 중요해.

최근 미국 뉴욕에 있는 한 공립학교에서는 챗GPT 접속을 차단했어. 챗GPT로 한 숙제가 온전히 내 것이라 할 수 있을까? 스스로 생각하는 힘을 키워야 하는데, 챗GPT를 사용하면 우리는 생각할 기회를 잃게 될 거야.

생각 열매

- 만약 친구가 챗GPT로 숙제를 해서 100점을 받는다면 어떤 생각이 들 것 같나요?

어휘 쑥쑥

人工知能 사람 인 / 장인 공 / 알다 지 / 능하다 능
인공지능 인간의 지적인 능력을 본떠 만든 인공 시스템
예) 인공지능 로봇 청소기는 매우 편리하다.

出市 날 출 / 저자 시
출시 상품이 시중에 나옴
예) 새로운 휴대 전화를 출시했다.

烈風 세차다 열 / 바람 풍
열풍 매우 세차게 일어나는 기운이나 기세
예) 우리 교실에 축구 열풍이 불고 있어.

생각 정리

챗GPT는 대화형 ☐☐☐☐ 서비스로, 2022년 ☐☐ 되어 세계적인 ☐☐ 을 일으키고 있다.

문화 03

달콤한 탕후루의 유혹

맛있지만 위험한 양날의 검

월   일

　새콤달콤한 과일이 바삭하게 씹히는 탕후루, 과일 꼬치에 설탕물을 입힌 탕후루는 아이들이 좋아하는 **간식** 중 하나입니다. 한 입 베어 물면 겉은 바삭하고 속은 촉촉한 탕후루 특유의 맛이 입 안을 가득 채우지요.

　탕후루의 탕(táng)은 '설탕'을, 후루(húlu)는 **호리병**처럼 생긴 '박'을 뜻합니다. 과일을 꼬치에 꿴 모습이 마치 **표주박**을 닮아 탕후루로 불리게 되었답니다.

　그렇다면 탕후루는 언제 만들어진 음식일까요? 지금으로부터 약 1000년 전, 중국 남송의 황제 광종에게는 사랑하는 여인, 황귀비가 있었습니다. 어느 날, 황귀비가 병이 나서 음식을 먹지 못하게 됐는데 산사 열매를 설탕에 달여 먹었더니 나았답니다. 이 소식을 들은 백성들이 설탕에 달인 산사나무 열매를 꼬치에 끼워 팔았고, 이것이 바로 탕후루가 되었다고 해요. 실제 탕후루가 약으로 쓰였는지 알 수는 없지만 산사나무 열매는 실제로 소화 효과가 있다고 합니다.

　하지만 탕후루의 높은 인기만큼이나 건강을 걱정하는 사람도 많습니다. 설탕이 많이 들어간 탕후루를 자주 먹으면 건강에 좋지 않겠죠? 의사 선생님들은 탕후루를 많이 먹으면 지나친 당 **섭취**로 소아 **당뇨**와 충치, 설탕 **중독**을 일으킬 수 있다며 경고하고 있어요.

- **간식**: 끼니와 끼니 사이에 먹는 음식
- **호리병**: 위와 아래가 둥글며 가운데가 잘록한 모양으로 생긴 병
- **표주박**: 둥근 박을 반으로 쪼개어 만든 작은 바가지
- **섭취**: 영양분을 빨아들임
- **당뇨**: 당분이 많이 섞여 나오는 오줌
- **중독**: 술이나 마약 따위를 지나치게 먹은 결과, 그것 없이는 견디지 못하는 상태

생각 씨앗

① 신문 기사를 소리 내어 읽었나요? ☐

② 기사의 제목을 적어 보세요.

_____

③ 기사에서 많이 나온 주요 단어는 무엇인가요?

ㅌ ㅎ ㄹ
☐ ☐ ☐

생각 톡톡

① 과일 꼬치에 설탕물을 입힌 ☐☐☐ 는 아이들이 좋아하는 간식이에요.

② 탕후루의 탕은 ☐☐ 을, 후루는 호리병처럼 생긴 ☐ 을 뜻해요.

③ 탕후루는 언제 만들어진 음식인가요?

약 ☐☐☐☐ 년 전

④ 탕후루를 많이 먹으면 어떤 병에 걸릴 수 있나요?

소아 ☐☐ , ☐☐ , 설탕 ☐☐

생각 쑥쑥

탕후루와 스무디 중에 설탕이 더 많이 들어간 게 뭔지 알아? 스무디가 무려 2배나 많은 설탕이 들어간대. 탕후루만 건강에 나쁘다고 할 수 없어.

초콜릿, 아이스크림, 사탕, 탄산음료 등 우리 주변에 달콤한 식품이 얼마나 많아? 뭐든 단 걸 지나치게 많이 먹는 게 문제야.

달콤한 식품을 많이 먹으면 당뇨, 비만, 충치 등이 생길 수 있다고 하니 주의해야겠다.

생각 열매

- 부모님이 용돈으로 5,000원을 주셨어요. 그런데 달콤한 탕후루가 여러분을 유혹하네요. 탕후루를 사먹을 건가요?

어휘 쑥쑥

糖 엿 당
당 설탕처럼 물에 잘 녹으며 단맛이 있는 탄수화물
예) 초콜릿에는 많은 당이 들어 있다.

間食 사이 간, 밥 식
간식 끼니와 끼니 사이에 먹는 음식
예) 할머니가 간식으로 빵을 만들어 주셨다.

攝取 다스릴 섭, 가질 취
섭취 영양분을 빨아들임
예) 영양소가 골고루 들어간 음식을 섭취해야 한다.

생각 정리

☐ 이 많이 들어 있는 탕후루는 아이들에게 인기 있는 ☐☐ 으로, 많이 ☐☐ 하면 건강에 좋지 않다.

환경 04

기후 위기 1.5도를 지켜라
점점 뜨거워지고 있는 지구를 살려주세요

앞으로 5년 이내에 지구의 연평균 **기온**이 산업화 이전보다 1.5℃ 이상 높아질 수 있다고 합니다. 세계기상기구(WMO)는 2027년 지구의 평균 기온이 1.5도 기준점을 넘어설 것이라고 발표했습니다. 지금까지 우리는 탄소로 인해 지구가 뜨거워지는 현상을 '지구 온난화'라고 불렀어요. 하지만 이 용어가 **기후** 위기의 심각성을 제대로 표현하지 못한다는 의견에 따라 이제는 '지구 열대화'라는 말을 쓸 정도가 되었습니다.

과학자들은 1.5도 기준점을 넘어서면 심각한 **재앙**이 닥칠 것으로 보고 있습니다. 고작 1.5도 오르는 게 뭐가 문제냐고요? 지구는 지난 1만 년에 걸쳐 4도가 올랐는데, 산업화 이후 겨우 100년 사이에 1도가 상승했어요. 무려 25배나 빠른 속도지요. 지구 평균 기온이 1.5도 상승하면 10년에 한 번 올 법한 규모의 폭염이나 집중 호우, 가뭄을 겪을 수 있대요.

실제로 기상 이변으로 이미 많은 나라가 피해를 보았어요. 미국 남서부 지역과 유럽, 일본에는 50도 이상의 **폭염**이 왔어요. 캐나다와 미국 하와이에서는 초대형 산불이 발생했지요. 이탈리아와 그리스 같은 중부 유럽에는 **폭우**가 내렸고, 리비아는 대홍수로 1만 명이 넘는 사람들이 목숨을 잃었어요. 문제는 이상 기후 현상이 '**이변**'이 아닌 일상이 될 수 있다는 점이에요. 이대로 1.5도 이상 온도가 상승하면 우리는 돌이킬 수 없는 기후 위기에 처하게 될지도 몰라요.

- **기온**: 공기의 온도
- **기후**: 기온, 비, 눈, 바람 따위의 공기 상태
- **재앙**: 지진, 홍수, 태풍 따위의 자연 현상으로 인한 불행한 일
- **폭염**: 매우 심한 더위
- **폭우**: 갑자기 세차게 쏟아지는 비
- **이변**: 예상하지 못한 일

생각 씨앗

❶ 신문 기사를 소리 내어 읽었나요? ☐

❷ 기사의 제목을 적어 보세요.

❸ 기사에서 많이 나온 주요 단어는 무엇인가요?

ㄱ　ㅎ　　ㅇ　ㄱ
☐　☐　☐　☐ , ☐ . ☐ 도

생각 톡톡

❶ 2027년이 되면 지구의 연평균 기온이 산업화 이전보다 얼마나 높아질까요?

☐ . ☐ 도

❷ 탄소로 인해 지구가 뜨거워지는 현상을 무엇이라고 하나요?

☐ ☐ ☐ ☐ ☐

❸ 기온이 1.5도 오르면 지구에 어떤 일이 벌어질 수 있나요?

생각 쑥쑥

요즘 뉴스에서 기후 위기라는 말을 자주 들어. 하지만 난 잘 모르겠어. 크게 달라진 게 없는 거 같거든.

일상생활에서 잘 느낄 수 없어도 대형 산불이나 큰 홍수가 나는 걸 볼 때마다 깜짝 놀라곤 해. 기후 위기를 어떻게 이겨내야 할까?

개인의 실천도 중요하지만 국가와 기업에서 탄소 배출을 줄이기 위한 노력을 해야 해. 탄소 배출을 줄일 수 있는 강력한 법과 친환경 제품을 만들었으면 좋겠어.

생각 열매

- 지구의 연평균 온도가 1.5도 상승해서 폭염, 홍수, 산불 등이 자주 발생한다고 상상해 보세요. 어떤 일이 벌어질까요?

어휘 쑥쑥

氣溫 (기운 기, 따뜻할 온)
기온 공기의 온도
예) 봄에는 기온 변화가 심하다.

氣候 (기운 기, 기후 후)
기후 기온, 비, 눈, 바람 따위의 공기 상태
예) 이곳은 농사를 짓기에 좋은 기후이다.

災殃 (재앙 재, 재앙 앙)
재앙 지진, 홍수, 태풍 등 자연 현상으로 인한 불행한 사고
예) 산불은 돌이키기 힘든 재앙이다.

생각 정리

연평균 □□이 1.5도 기준점을 넘으면 □□ 위기로 심각한 □□이 닥칠 수 있다.

사회 05

빈대 공포, 현실이 되다
엄청난 생존력을 가진 곤충, 퇴치를 위해 모두 힘써요

　2023년 10월, 인천의 한 찜질방에서 빈대가 **발생**했습니다. 이후 대구에 있는 기숙사, 그리고 서울에서도 빈대 피해 신고가 잇따랐지요. 고작 빈대 몇 마리가 뭐가 문제냐고요? 빈대의 **생존력**과 **번식력**은 쉽게 해결할 수 있는 문제가 아니기 때문입니다. 빈대의 암컷은 평생 200개 정도의 알을 낳습니다. 일주일 만에 빈대 소굴이 되는 건 금방이죠. 게다가 최근에 발견된 빈대는 살충제에 대한 **내성**이 커져 있는 상태라 생존력이 무려 50배나 크다고 합니다. 일반 가정에서 살충제로 빈대를 퇴치하는 것은 사실상 불가능하다고 봐야죠.

　빈대는 전 세계에 널리 분포하는 곤충이에요. 길쭉한 달걀 모양으로 납작하게 생겼죠. 크기는 5~6mm로 매우 작아요. 빈대는 동물의 피를 빨아 먹고 사는데, 자기 체중의 2~6배나 되는 혈액을 뱃속에 저장할 수 있습니다. 빈대는 낮에는 어두운 곳에 숨어 있다가 밤이 되면 밖으로 나와 피를 빨아 먹어요. 빈대는 모기보다 지능이 떨어져 피가 잘 나오는 곳을 찾을 때까지 한 번에 수십 방을 계속해서 물어뜯는 특징이 있어요. 보통 발끝에서 시작해 직선이나 둥근 모양으로 물린 자국이 생기지요.

　일부 전문가들은 빈대가 코로나-19 이후 해외에서 들어왔을 가능성이 크다고 보고 있어요. 빈대가 발견되었다는 보고가 늘어나자 정부는 합동 대책 본부를 구성했어요. 하루빨리 빈대가 **퇴치**되었으면 좋겠어요.

- **발생**: 어떤 일이나 사물이 생겨남
- **생존력**: 죽지 않고 끝까지 살아남는 힘
- **번식력**: 생물이 알이나 자식을 낳아 불리는 힘
- **내성**: 약물을 자주 먹어 약효가 떨어지는 현상
- **퇴치**: 물리쳐서 아주 완벽히 없애 버림

생각 씨앗

❶ 신문 기사를 소리 내어 읽었나요? ☐

❷ 기사의 제목을 적어 보세요.

　

❸ 기사에서 많이 나온 주요 단어는 무엇인가요?

　　　　　　　　　　　　　　　　　ㅂ　ㄷ
　　　　　　　　　　　　　　　　　☐　☐

생각 톡톡

❶ 빈대의 생존력은 예전보다 얼마나 증가했나요?

　　　　　　　　　　　　　　　　☐ ☐ 배

❷ 빈대는 길쭉한 ☐☐ 모양이에요.

❸ 빈대를 퇴치하기 어려운 이유는 무엇인가요?

생각 쑥쑥

집에 빈대가 생기면 어떡하지? 뭔가 간질간질한 기분이 들어.

빈대는 생존력과 번식력이 엄청나다는데, 살충제로 없앨 수 없을 정도면 국가에서 도와줘야 하는 거 아닐까?

빈대는 전염병을 옮기지 않아서 국가에서 퇴치하는 걸 도와주지 않는다고 해. 빈대가 생기면 방역 업체에 연락해서 도움을 받아야 한대.

생각 열매

- 여러분의 집과 동네에 빈대가 발생했다고 상상한 뒤 시장님께 도와달라는 글을 써보세요.

어휘 쑥쑥

發生 필발 날생
발생 어떤 일이나 사물이 생겨남
예) 사건 발생 20일 만에 문제가 해결되었다.

耐性 견딜내 성품성
내성 약물을 자주 먹어 약효가 떨어지는 현상
예) 병균의 내성이 강해져서 항생제가 듣지 않는다.

退治 물러날퇴 다스릴치
퇴치 물리쳐서 아주 완벽히 없애 버림
예) 모기를 퇴치하기 위해 모기향을 피웠다.

생각 정리

여기저기 ☐☐ 하는 빈대는 ☐☐ 이 커서 ☐☐ 하기 어렵다.

맛있지만 적당히 먹어요

 세계보건기구(WHO)에 따르면 하루 당류 섭취량은 25g 미만으로 줄이는 것이 좋다고 합니다. 그런데 우리가 즐겨 먹는 탕후루 한 개에는 대략 14~27g의 당이 들어 있습니다. 하루에 탕후루 두 개만 먹어도 하루 권장 섭취량을 넘어서는 거죠.

 한국소비자원이 조사한 결과를 보면 스무디 한 잔에는 65g, 달콤한 커피 음료에는 37g, 콜라 한 캔에는 26g의 당이 들어 있습니다. 탕후루만 나쁜 음식이라고 지적할 문제가 아니라 달콤하고 맛있는 간식의 유혹에 자주 넘어가지 않고 적당히 먹는 게 어떨까요?

- 여러분이 먹고 싶은 탕후루를 그려 보세요.

NEWS 1호

2주차

2주차 주간 학습 계획표

회차	영역	신문 기사	학습 계획일
6	환경	돈 잘 버는 기업? 이제 ESG가 더 중요해요	월 일
7	사회	배양육, 10년 뒤 식탁에 오를 수 있다	월 일
8	환경	전기차로 바꾸면 뭐가 좋아요?	월 일
9	세계	네옴시티, 거대 도시 건설 프로젝트	월 일
10	사회	편한데 편하지 않은 키오스크 주문	월 일

환경
06

돈 잘 버는 기업? 이제 ESG가 더 중요해요

환경 보호와 사회적 책임을 동시에 실천하는 기업으로

월 일

최근 뉴스에서 ESG라는 단어를 쉽게 볼 수 있어요. 그렇다면 ESG가 뭘까요? ESG란 **환경**(Environmental), **사회적 책임**(Social responsibility), 그리고 **투명 경영**(Governance)의 영문 첫 글자를 따서 만든 단어입니다. 예전에는 돈을 잘 버는 기업을 최고로 생각했다면 이제는 환경 보호와 기업의 사회적 책임, **지속 가능성**을 더 중요하게 생각하는 거죠.

여러분이 햄버거를 파는 기업가라고 생각해 보세요. 기업가 입장에서는 햄버거를 많이 팔아 돈을 버는 것이 중요하겠죠. 하지만 지금은 햄버거를 만들고 판매하는 과정에서 친환경 제품을 얼마나 사용하고 있는지, 햄버거를 팔아 번 돈을 우리나라 농업 발전을 위해 얼마나 투자하는지도 중요합니다. 돈을 버는 데만 집중하는 기업보다 사회 발전과 환경 보호를 위해 노력하는 기업의 **가치**가 높아진 거죠. 나아가 투명하고 신뢰할 수 있는 **조직**을 구성하여 올바른 가치를 지켜나가기 위해 노력하는 것도 중요해졌어요. 이렇듯 환경 보호와 사회적 책임을 다하는 동시에 투명한 경영으로 지속 가능한 사회를 만들기 위해 노력하는 것이 바로 ESG입니다.

- **환경**: 인간이 사는 자연, 생활하는 주위의 상태
- **사회적 책임**: 기업이 물건을 만들고 팔면서 노동자를 비롯한 지역 사회 전체의 이익을 중요시하는 것
- **투명 경영**: 환경과 사회 가치를 기업이 실현할 수 있도록 투명하고 신뢰할 수 있는 조직을 구성하여 부패를 방지하는 것
- **지속 가능성**: 경제 성장과 환경 보전이 미래에도 균형 있게 유지되는 것
- **가치**: 인간과의 관계로 지니게 되는 중요성, 사물의 쓸모
- **조직**: 특정한 목적을 달성하기 위해 모인 집단

생각 씨앗

❶ 신문 기사를 소리 내어 읽었나요? ☐

❷ 기사의 부제목을 적어 보세요.

----

❸ 기사에서 많이 나온 주요 단어는 무엇인가요?

ㅇ	ㅇ	ㅈ

생각 톡톡

❶ ESG란 ☐☐, ☐☐☐☐☐, ☐☐☐의 영문 첫 글자를 따서 만든 단어입니다.

❷ 이제 돈을 잘 버는 기업보다 ☐☐ 보호와 기업의 사회적 ☐☐, ☐☐ 가능성을 중요하게 생각해요.

❸ ESG를 중요하게 생각하는 햄버거 기업은 어떤 모습인가요?

생각 쑥쑥

ESG라는 말이 여전히 어려워. 친환경적이고 우리 지역에 대한 사회적 책임을 중요하게 여기는 것이라고 생각하면 될까?

맞아! 기업들이 제품을 만들 때 환경을 더 생각하고, 지역 사회를 돕고, 돈으로 나쁜 짓을 하지 않도록 투명하게 회사를 운영하는 것을 ESG라고 해.

기업이 ESG를 실천하면 돈 버는 것보다 사람과 환경을 돕는 방법을 고민하는 기업이 되는 거구나. 우리 주변에 어떤 기업이 ESG를 실천하는지 살펴봐야겠다.

생각 열매

- ESG를 실천하는 척하는 나쁜 기업은 어떻게 해야 할까요?

어휘 쑥쑥

企業 꾀할 기 / 업 업
기업 돈을 벌기 위해 제품을 생산하고 판매하는 조직
예) 구멍가게에서 시작해 세계적인 기업이 되었다.

環境 고리 환 / 지경 경
환경 인간이 사는 자연, 생활하는 주위의 상태
예) 공장들로 인해 환경이 많이 파괴되었다.

社會 모일 사 / 모일 회
사회 같은 무리끼리 모여 이루는 집단
예) 법으로 사회의 모든 문제를 해결할 수 없다.

생각 정리

ESG를 실천하는 ☐☐ 은 돈보다 ☐☐ 을 생각하고, 우리 지역을 돕는 ☐☐ 적 책임을 중요하게 생각한다.

사회 07

배양육, 10년 뒤 식탁에 오를 수 있다
세포를 키워 만드는 미래의 인공 고기

월   일

　실험실에서 **세포**를 키워서 만든 인공 고기, 즉 **배양**육이 10년 안에 우리 식탁에 오를 가능성이 높습니다. 배양육은 콩과 같은 식물로 만든 고기보다 맛과 **식감**이 좋아요. 기존의 고기 생산 방식에 비해 환경을 덜 파괴하고, 가축을 죽이지 않아도 된다는 점에서 미래의 고기로 불리고 있죠.

　그렇다면 배양육은 어떻게 만들까요? 동물의 피부에서 떼어낸 세포를 배양액에 넣어서 만듭니다. 하지만 처음 떼어낸 세포는 눈에 보이지 않을 정도로 작습니다. 그래서 이를 배양액에 넣어 세포를 키워 소비자들이 먹을 수 있는 크기로 만드는 것이지요.

　현재 배양육을 개발하고 있는 회사들은 실제 고기의 맛과 식감을 그대로 살리기 위해 노력하고 있습니다. 너겟이나 미트볼, 햄버거 패티의 경우 진짜 고기와 거의 같을 정도입니다. **유전자 조작** 기술만 쓰지 않으면 안전성 면에서도 크게 문제가 되지 않을 거라고 해요.

　싱가포르는 현재 전 세계에서 유일하게 배양육 판매를 허용하고 있는 나라입니다. 2021년

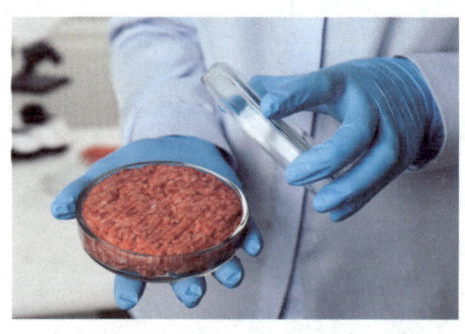

에는 싱가포르의 한 레스토랑에서 배양육 닭고기로 요리한 메뉴를 **선보이기**도 했지요. 일부 과학자들은 배양육을 만들 수는 있지만 **대량 생산**을 하기는 어려울 거라 의심하기도 합니다. 이에 배양육을 만드는 기업들은 인내심을 갖고 기다려 달라고 말하고 있어요.

- **세포**: 생물체를 이루는 기본 단위
- **배양**: 인공적인 환경을 만들어 동식물의 세포를 가꾸어 기름
- **식감**: 음식을 먹을 때 감각
- **유전자 조작**: 유전자를 인공적으로 바꾸는 일
- **선보이다**: 물건의 좋고 나쁨을 가려 보이다.
- **대량 생산**: 기계를 이용하여 같은 제품을 많이 만들어 내는 일

생각 씨앗

❶ 신문 기사를 소리 내어 읽었나요? ☐

❷ 기사의 부제목을 적어 보세요.

　

❸ 기사에서 많이 나온 주요 단어는 무엇인가요?

ㅂ　ㅇ　ㅇ
☐☐☐

생각 톡톡

❶ ☐☐를 키워서 만든 ☐☐☐☐를 배양육이라고 해요.

❷ 배양육을 만든 이유는 무엇인가요?

　

　

❸ 배양육으로 만든 닭고기 요리를 선보인 나라는 어디인가요?

☐☐☐☐

생각 쑥쑥

배양육을 만들어 먹을 수 있다면 동물을 죽이지 않아도 되니 좋을 것 같아.

실험실에서 세포를 길러서 만든 고기는 어떤 맛일까? 지금 먹는 고기와 맛과 영양은 비슷할지 모르겠지만 가짜 고기를 먹는 것 같아 찜찜하기도 해.

작은 세포 하나가 햄버거 패티만큼 커진다니 신기해. 하지만 과학자들이 말한 것처럼 대량 생산을 할 수 있을지 모르겠어. 10년 뒤에 과연 배양육이 우리 식탁에 오를 수 있을까?

생각 열매

- 만약에 배양육 한 근이 실제 고기 한 근보다 5,000원 정도 싸다면 어떤 고기를 사겠어요? 이유도 함께 적어 보세요.

어휘 쑥쑥

細胞 가늘 세 / 세포 포
세포 생물체를 이루는 기본 단위
예) 바이러스는 살아 있는 세포에서만 자란다.

培養 북을 돋울 배 / 기를 양
배양 인공적인 환경을 만들어 동식물의 세포를 가꾸어 기름
예) 균을 배양하는 데 성공했다.

販賣 팔 판 / 팔 매
판매 상품을 팖
예) 백화점에서 할인 판매를 시작했다.

생각 정리

싱가포르에서는 ☐☐를 키워서 만든 ☐☐육을 ☐☐하고 있다.

> 환경
> **08**

전기차로 바꾸면 뭐가 좋아요?
심각한 기후 위기, 탄소를 줄이는 데 필요한 전기차

월   일

　앞으로 10년 뒤에는 자동차 3대 중 2대가 **전기차**가 될지도 모릅니다. 유럽은 2035년부터 기름을 사용하는 신차의 판매를 금지하기로 했습니다. 미국 역시 2032년까지 신차의 67%를 전기차로 바꾸겠다는 목표를 세웠습니다. 기후 위기 **극복**을 위해 탄소 발생이 적은 전기차를 중심으로 판매하겠다는 거지요.

　그렇다면 전기차는 정말 **친환경**적일까요? 전기차 충전소나 전기 설비 시설을 늘리면 오히려 탄소가 더 많이 발생하는 게 아니냐고 묻는 사람도 있습니다. 전기차 배터리의 재활용이 어렵고, **화력 발전** 비중이 높은 우리나라에서 전기차를 타는 것이 과연 환경에 도움이 될까 의심하기도 합니다.

　결론적으로 전기차가 기존의 자동차에 비해 친환경적인 것은 맞습니다. 자동차를 생산하는 첫 단계부터 **폐기**되는 전 과정을 비교한 결과 전기차는 기존 자동차에 비해 절반 정도의 탄소가 발생하였습니다.

　앞으로 전기차를 친환경적으로 사용할 수 있도록 충분한 준비를 해야 합니다. 배터리로 인한 환경오염을 줄일 방법을 연구하고, 태양열이나 풍력 에너지 같은 새로운 **재생 에너지**를 활용한 전기 생산에도 투자해야 합니다. 그렇지 않으면 탄소를 줄이는 효과가 작아질 수 있습니다.

- **전기차**: 전기의 힘으로 움직이는 자동차
- **극복**: 악조건이나 고생 따위를 이겨냄
- **친환경**: 자연을 오염시키지 않고 그대로의 환경과 잘 어울리는 일
- **화력 발전**: 석탄이나 석유, 천연 가스 등을 연료로 전기를 얻는 발전 방식
- **폐기**: 못쓰게 된 것을 버림
- **재생 에너지**: 계속 써도 무한에 가깝도록 다시 공급되는 에너지 예 태양열, 수력, 풍력 등

생각 씨앗

❶ 신문 기사를 소리 내어 읽었나요? ☐

❷ 기사의 부제목을 적어 보세요.

....

❸ 기사에서 많이 나온 주요 단어는 무엇인가요?

ㅈ ㄱ ㅊ

생각 톡톡

❶ 앞으로 10년 뒤에는 자동차 3대 중 ☐ 대가 전기차가 될 수 있어요.

❷ 전기차 판매를 늘리려는 이유는 무엇인가요?

☐ ☐ ☐ ☐ 극복을 위해

❸ 전기차는 기존 자동차에 비해 탄소가 얼마나 적게 나오나요?

☐ ☐ 정도

❹ 전기차를 친환경적으로 사용하려면 어떤 준비를 해야 할까요?

....

....

....

생각 쑥쑥

요즘 주변에서 전기차를 흔하게 볼 수 있어. 전기차가 많아지면 탄소 발생이 줄어서 기후 위기를 극복할 수 있을 것 같아.

우리나라 전기의 약 42%가 화력 발전소에서 만들어진대. 전기차로 바꾸는 것도 필요하지만 석탄이나 석유를 이용한 화력 발전소를 줄이는 게 우선 아닐까?

외국에서 전기차만 판매하게 되면 우리나라도 전기차만 팔지도 몰라. 10년 뒤에는 주유소가 줄어들고, 전기 충전소가 늘어날 것 같아.

생각 열매

- 전 세계의 자동차가 모두 전기차로 바뀐다면 어떤 일이 벌어질까요?

어휘 쑥쑥

電氣車 번개 전 / 기운 기 / 수레 차
전기차 전기의 힘으로 움직이는 자동차
예) 전기차를 구입하는 사람이 늘고 있다.

發生 필 발 / 날 생
발생 어떤 일이나 사물이 생겨남
예) 인도네시아 동부에서 큰 지진이 발생했다.

克服 이길 극 / 옷 복
극복 악조건이나 고생 따위를 이겨냄
예) 국가는 전염병 극복을 위해 노력하고 있다.

생각 정리

☐☐☐를 사용하면 탄소 ☐☐을 줄여 기후 위기를 ☐☐할 수 있다.

세계
09
네옴시티, 거대 도시 건설 프로젝트
사우디아라비아가 만드는 미래형 도시

　사우디아라비아의 왕세자 무함마드 빈 살만이 네옴시티라는 거대한 도시를 건설하고 있습니다. 무려 600조 원이라는 돈과 친환경 **첨단 기술**을 도입해 만드는 미래형 도시로, 면적이 무려 서울의 44배나 됩니다.

　네옴시티가 세워지는 곳은 사우디 북서부로, 170km에 달하는 곳에 600만 명이 살 예정이라고 해요. '네옴(NEOM)'은 새로움을 의미하는 그리스어 네오(NEO)와 미래를 뜻하는 아랍어 무스타크발(Mustaqbal, المستقبل)의 M을 더한 말로, '새로운 미래'라는 뜻을 담고 있어요.

　네옴시티 **건설** 계획은 2017년에 처음 발표되었고, 최근 하나둘씩 계획이 실행되고 있어요. 사우디아라비아는 네옴시티라는 전설적인 **랜드마크**를 만들어 전 세계 관광객과 투자자를 불러들이는 것이 목표라고 합니다. 우리나라 기업들도 많은 관심을 두고 있죠.

　네옴시티는 100% 친환경 에너지를 사용하는 도시로 '더 라인', '옥사곤', '트로제나'라는 3개의 지역으로 나누어질 예정입니다. 먼저 '더 라인'은 두 개의 고층 건물이 나란히 선 170km의 직선형 도시입니다. 건물 지하는 고속 철도로 연결되고, 주민들에게 필요한 농산물을 만드는 실내 **스마트 농장**과 문화 시설이 생길 예정이에요. '옥사곤'은 바다 위에 있는 팔각형 모양의 최첨단 **산업 단지**입니다. '트로제나'는 친환경 **산악** 관광 구역으로, 고급 리조트와 인공 호수가 들어설 예정이라고 합니다.

　네옴시티는 과연 멋지게 완성될 수 있을까요? 최근 소식에 따르면 엄청난 건설 비용과 기술 문제로 어려움이 많다고 해요. 네옴시티가 어떻게 완성될지 관심을 두고 지켜보아요.

- **첨단 기술**: 수준이 높고 앞선 과학 기술
- **건설**: 건물, 설비, 시설 따위를 새로 만들어 세움
- **랜드마크**: 지역을 대표하는 독특한 지형이나 시설물
- **스마트 농장**: 정보 기술을 이용하여 만든 농장
- **산업 단지**: 공장들이 대규모로 지어진 장소
- **산악**: 높고 험준하게 솟은 산들

생각 씨앗

① 신문 기사를 소리 내어 읽었나요? ☐

② 기사의 부제목을 적어 보세요.

----

③ 기사에서 많이 나온 주요 단어는 무엇인가요?

ㄴ	ㅇ	ㅅ	ㅌ

생각 톡톡

① 사우디아라비아의 왕세자 무함마드 빈 살만이 만들고 있는 미래형 도시의 이름은 무엇인가요?

☐ ☐ ☐ ☐

② 네옴시티에서 네옴(NEOM)은 무슨 뜻인가요?

☐ ☐ ☐ ☐ ☐

③ 네옴시티에 관한 설명으로 틀린 것은 무엇인가요? (   )

① 2017년에 처음 건설 계획이 발표되었다.
② 600조 원이라는 돈과 첨단 기술을 도입해 만드는 미래형 도시다.
③ 우리나라 기업들은 네옴시티에 큰 관심이 없다.
④ 전 세계 관광객과 투자자를 불러들이는 것이 목표이다.

• 생각 쑥쑥

네옴시티가 완성되면 꼭 사우디아라비아에 놀러 가고 싶어. 영화 〈블랙팬서〉에 나오는 미래 도시인 와칸다처럼 신기할 것 같아.

네옴시티라는 미래 도시를 과연 만들 수 있을까? 사막 같은 곳에서 100% 친환경 에너지를 사용해 도시를 만든다는 건 엄청 힘든 일일 거야.

공사를 해봐야 알겠지? 만약 사우디아라비아가 네옴시티를 성공시킨다면 전 세계의 랜드마크가 될 거야. 우리나라 기업들도 신중하게 투자하면 좋겠어.

• 생각 열매

- 만약 네옴시티에 놀러 간다면 가장 먼저 무엇을 하고 싶은가요?

어휘 쑥쑥

建設 세울 건 / 베풀 설
건설 건물, 설비, 시설 따위를 새로 만들어 세움
예) 새로운 공항 건설이 필요하다.

親環境 친할 친 / 고리 환 / 지경 경
친환경 환경을 오염시키지 않고 자연 그대로의 환경과 잘 어울리는 일
예) 수소는 미래의 친환경 에너지원으로 중요하다.

都市 도읍 도 / 저자 시
도시 정치·경제·문화의 중심이 되는, 사람이 많이 사는 지역
예) 도시에는 많은 사람이 살고 있다.

생각 정리

네옴시티는 사우디아라비아에 □□ 되는 □□□ 미래 □□ 다.

사회

10 편한데 편하지 않은 키오스크 주문

노인과 장애인에 대한 배려 있어야

비대면 접촉이 자리 잡으면서 식당을 비롯한 많은 매장에서 키오스크를 어렵지 않게 볼 수 있습니다. 예전에는 줄을 서거나 계산대 앞에 가서 직원이나 종업원에게 직접 주문했다면 이제는 키오스크로 주문과 결재를 동시에 진행할 수 있어 매우 편리하지요.

키오스크(kiosk)는 페르시아어에서 **유래**한 말로 신문이나 음료 등을 파는 **간이 판매대**나 소형 **매점**을 의미합니다. 요새는 많은 사람이 쉽게 정보를 주고받기 위한 목적으로 공공장소에 설치한 무인 **단말기**의 의미로 많이 쓰이고 있지요.

문제는 연세가 많은 노인이나 장애인의 경우 키오스크의 사용이 어렵다는 데 있습니다. 주문 단계가 복잡하고 진행 버튼을 찾기 어렵기 때문이지요. 그림이나 글씨가 잘 보이지 않아 낯선 기계 앞에서 고민하는 동안 뒷사람에게 핀잔을 들을까 눈치도 보게 됩니다. 시각 장애인의 경우 음성 안내 기능이 없다 보니 혼자 힘으로 음료를 주문하기가 더 어렵습니다. 편의를 위해 도입한 기계가 오히려 노인이나 장애인에게는 어려운 상대가 된 것이지요.

사회가 빠르게 발전하면서 누군가에게는 편리한 기술이 다른 누군가에게는 걱정과 부담이 될 수 있습니다. 우리나라는 이미 고령 사회로 접어들었습니다. 2025년 이후가 되면 5명 가운데 1명이 노인인 **초고령 사회**가 될 것입니다. 노인과 장애인을 위한 실질적인 배려가 필요합니다.

 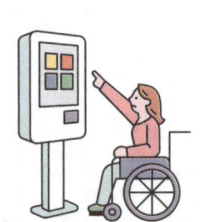 

- **유래**: 사물이나 일이 생겨남
- **간이 판매대**: 상품을 팔고 늘어놓기 위한 간단한 매대
- **매점**: 물건을 파는 작은 상점
- **단말기**: 중앙에 있는 컴퓨터와 통신망으로 연결된 터치스크린 방식의 정보 입력기
- **초고령 사회**: 전체 인구 가운데 65세 이상 노인 인구가 차지하는 비율이 20%가 넘는 사회

생각 씨앗

❶ 신문 기사를 소리 내어 읽었나요? ☐

❷ 기사의 부제목을 적어 보세요.
....

❸ 기사에서 많이 나온 주요 단어는 무엇인가요?

ㅋ	ㅇ	ㅅ	ㅋ

생각 톡톡

❶ 사람들이 쉽게 정보를 주고받기 위한 목적으로 공공장소에 설치한 무인 단말기는 무엇인가요?

☐ ☐ ☐ ☐

❷ 노인과 장애인들이 키오스크로 주문하기 어려운 이유는 무엇인가요?
....
....
....

❸ 우리나라는 2050년이 지나면 5명 중 1명이 노인이 되는 ☐ ☐ ☐ 사회가 될 것으로 보인다.

생각 쑥쑥

요샌 햄버거 가게에 가면 대부분 키오스크로 주문을 해. 할머니, 할아버지와 장애인은 키오스크가 오히려 불편할 것 같아.

얼마 전에 우리 할머니도 키오스크 앞에서 진땀을 흘리며 음식을 주문하셨대. 그분들을 위한 키오스크가 나와야 하지 않을까?

할머니, 할아버지나 장애인을 위한 주문 코너를 따로 만드는 것도 필요해. 아니면 인공지능처럼 음성 인식 서비스가 지원되는 키오스크를 설치했으면 좋겠어.

생각 열매

- 여러분이 키오스크 개발자라면 할머니, 할아버지와 장애인을 위해 어떤 기능을 추가하고 싶은가요?

어휘 쑥쑥

老人
늙을 로(노) 사람 인

노인 나이가 들어 늙은 사람

예) 노인을 공경해야 한다.

障礙人
막을 장 거리낄 애 사람 인

장애인 몸의 일부에 장애가 있거나 정신 능력이 원활하지 못해 일상생활에 어려움이 있는 사람

예) 장애인이라는 이유로 차별해서는 안 된다.

使用
하여금 사 쓸 용

사용 일정한 기능이나 목적에 맞게 씀

예) 일회용품을 많이 사용하면 환경을 오염시킨다.

생각 정리

☐☐ 과 ☐☐☐ 은 키오스크 ☐☐ 이 불편하다.

- '미래 도시' 하면 떠오르는 낱말을 적어 보세요.

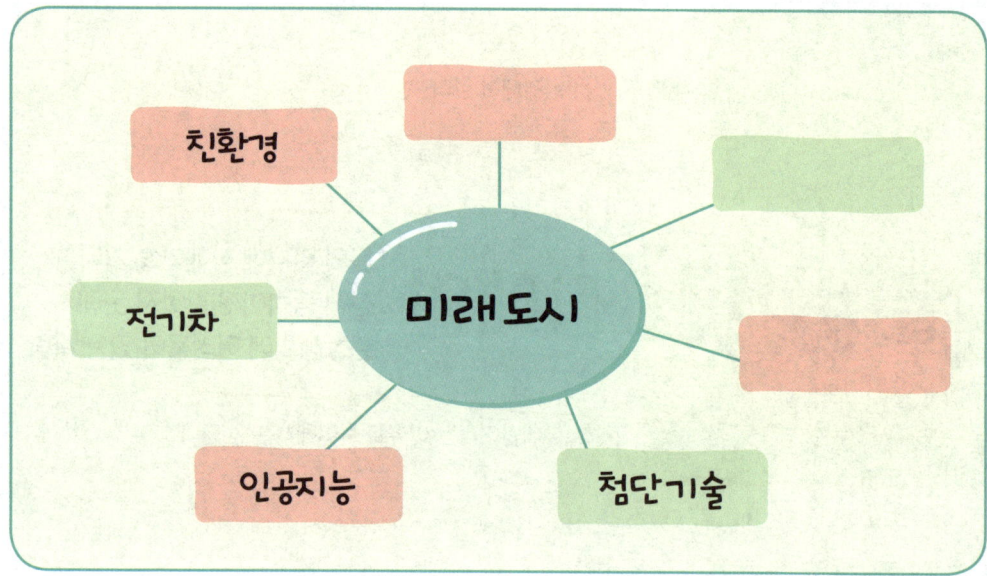

- 10년 뒤 미래 도시는 어떤 모습일지 그려 보세요.

NEWS 1호

3주차

3주차
주간 학습 계획표

회차	영역	신문 기사	학습 계획일
11	문화	한국식 나이, 왜 바꿔야 하죠?	월 일
12	사회	인구 절벽과 저출산의 위험	월 일
13	세계	2026년 완공, 사그라다 파밀리아 성당	월 일
14	사회	노키즈 존에서 노시니어 존까지	월 일
15	과학	누리호, 우주로 향하다	월 일

문화 11

한국식 나이, 왜 바꿔야 하죠?

태어난 해 기준 한국식 나이 폐지되고 만 나이로 통일

월   일

2023년 6월부터 한국식으로 나이를 세는 법이 **폐지**되고 만으로 나이를 세는 식으로 바뀌었습니다. 한국식 나이는 매년 1월 1일을 기점으로 해가 바뀔 때마다 한 살씩 더합니다. 즉 태어나는 순간 한 살이 되고, 다음해가 되면 두 살이 되는 '해'를 기준으로 한 방식이지요.

한국식 나이는 국제적으로 볼 때 여러 면에서 혼란이 있었습니다. 그래서 오래전부터 만 나이 사용을 위한 노력을 기울였고, 2023년 6월 28일부터 만 나이로 표기하는 법안이 통과되었습니다.

한국식 나이로 인해 **혼란**스러운 대표적인 예는 바로 '빠른 연생'입니다. '빠른 연생'은 1~2월에 태어난 아이들이 초등학교에 입학하게 되면서 생긴 문제입니다. 입학식이 3월이다 보니 1~2월에 태어난 7살 어린이와 8살 어린이가 함께 입학하는 일이 생긴 거지요. 나이를 중시하는 한국 사회에서 '빠른 연생'인 사람들은 자기소개를 할 때마다 나이에 관해 설명해야 했어요. 2002년생을 끝으로 '빠른 연생'이 없어지긴 했지만 지금도 불편함을 느끼는 사람이 많습니다.

우리나라는 처음 만나는 사람에게 이름 다음으로 나이를 물어볼 정도로 나이를 중요시합니다. 한국식 나이가 폐지되었지만 사실 그보다 더 중요한 건, 나이와 상관없이 서로를 존중하는 마음입니다. 나이가 많다고 **대접**받고 어리다고 반말을 들을 이유는 없습니다. 나이로 **서열**을 나누는 문화에 대해 진지한 고민이 필요합니다.

- **폐지**: 실시하여 오던 제도나 법규, 일 따위를 그만두거나 없앰
- **혼란**: 뒤죽박죽이 되어 어지럽고 질서가 없음
- **대접**: 마땅한 예로서 대함
- **서열**: 일정한 기준에 따라 순서대로 늘어섬

생각 씨앗

❶ 신문 기사를 소리 내어 읽었나요? ☐

❷ 기사의 부제목을 적어 보세요.

----

❸ 기사에서 많이 나온 주요 단어는 무엇인가요?

ㅎ ㄱ ㅅ
☐ ☐ ☐ 나이 폐지

생각 톡톡

❶ 한국식 나이는 2023년 ☐ 월부터 폐지되었어요.

❷ 다음 중 <u>틀린</u> 것은 무엇인가요? (   )

  ① 한국식 나이를 사용하면 국제적으로 혼란이 있을 수 있다.
  ② 예전에는 7살과 8살이 같은 해에 학교에 들어갈 수 있었다.
  ③ 한국식 나이는 만 나이로 통일되었다.
  ④ 2012년생을 끝으로 빠른 연생 제도는 사라졌다.

❸ 한국식 나이를 사용할 경우 2000년 1월 1일에 태어난 김소미 씨의 나이는 4개가 될 수 있어요. 얼마나 불편했을 것 같나요?

> • 사회적 나이: 빠른 연생으로 1999년생과 같은 나이 사용
> • 한국식 나이: 1살로 태어나 해가 바뀌면 한 살을 더하는 방식
> • 연 나이: 현재 연도 - 태어난 연도
> • 만 나이: 0살로 태어나 생일이 지나면 한 살을 더하는 방식

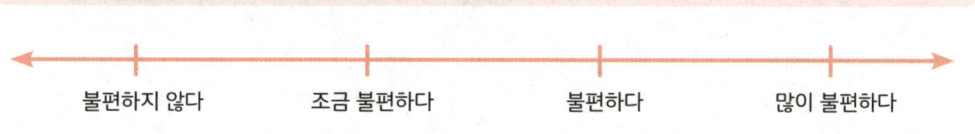

생각 쑥쑥

만 나이로 통일했지만 여전히 한국식 나이를 섞어 쓰고 있어. 한국식 나이가 우리나라 고유의 문화로 굳어졌기 때문 아닐까?

나는 만 나이로 통일한 게 잘한 일인 것 같아. 누가 나이를 물어보면 만 나이로만 대답하면 되니까 고민할 필요가 없잖아.

미국에 사는 언니가 미국 나이로 열두 살인데, 그동안 한국에 오면 열세 살이라고 말해야 해서 이상했대. 이제 외국에 나가도 똑같이 말하면 되니까 혼란스럽지 않아서 좋대.

생각 열매

- 한국식 나이가 없어져서 편리한 점은 무엇일까요?

어휘 쑥쑥

廢 止 폐할 폐 / 그칠 지
폐지 제도나 법규, 일 따위를 그만두거나 없앰
예) 신분 제도를 폐지하였다.

統 一 거느릴 통 / 한 일
통일 나누어진 것들을 합쳐서 하나로 모이게 함
예) 의견을 하나로 통일하기가 어렵다.

混 亂 섞을 혼 / 어지러울 란
혼란 질서 없이 뒤얽힘
예) 건물에 발생한 화재로 사람들이 혼란에 빠졌다.

생각 정리

한국식 나이가 ☐☐ 되고 만 나이로 ☐☐ 되어서 ☐☐ 스럽지 않다.

사회 12

인구 절벽과 저출산의 위험

멈출 줄 모르고 줄어드는 대한민국 인구, 이대로 가면

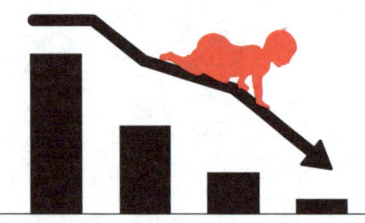

인구 절벽이라는 말을 들어봤나요? '인구 절벽'은 미국의 경제학자 해리 덴트(Harry Dent)가 만든 말로, 경제 활동을 할 수 있는 15~64세의 생산 인구가 급속도로 줄어드는 현상을 말합니다. 마치 **절벽**에서 떨어지듯 인구가 엄청난 속도로 줄어드는 거죠.

그럼 인구 절벽 현상이 나타나면 어떤 일이 벌어질까요? 먼저 **생산**과 **소비**가 줄어 심각한 경제 위기가 닥칠 수 있습니다. 일할 수 있는 사람들이 줄어드니 자연스럽게 경제 활동도 축소되지요. 다음으로 노인 인구가 많아져 의료비와 **사회 보장** 비용이 대폭 늘어납니다. 국민을 위한 세금은 많이 필요한데 일할 수 있는 생산 인구는 적으니 충분한 세금을 거두어들이기가 힘들어져요.

하지만 더 큰 문제는 인구 절벽 현상이 **저출산**과 연결된다는 데 있습니다. 우리나라는 지난 15년간 저출산 문제를 해결하기 위해 280조 원이라는 막대한 비용을 사용했습니다. 하지만 출산율은 역대 최저를 기록하고 있지요.

국제기구 UN은 2050년이 되면 우리나라의 총인구 수가 4,577만 명으로 줄어들 것으로 보고 있어요. 2100년이 되면 더 줄어 2,410만 명이 될 것으로 보고 있습니다. 이런 상황이 지속된다면 지방의 소도시들은 **소멸**할지도 몰라요. 인구 절벽과 저출산 문제를 해결하기 위한 실질적인 방안을 고민할 때입니다.

- **절벽**: 바위가 깎아 세운 것처럼 아주 높이 솟아 있는 낭떠러지
- **생산**: 인간이 생활하는 데 필요한 각종 물건을 만들어냄
- **소비**: 돈이나 물건, 시간, 노력 따위를 들이거나 써서 없앰
- **사회 보장**: 출산이나 양육, 실업, 질병, 사망 따위의 사회적 위험으로부터 국민을 보호하고 국민의 삶의 질을 유지하는 데 필요한 돈과 서비스
- **저출산**: 사회 전체적으로 아이를 적게 낳음
- **소멸**: 사라져 없어짐

생각 씨앗

❶ 신문 기사를 소리 내어 읽었나요? ☐

❷ 기사의 부제목을 적어 보세요.

----

❸ 기사에서 많이 나온 주요 단어는 무엇인가요?

ㅇ	ㄱ	ㅈ	ㅂ

생각 톡톡

❶ 인구 절벽 현상의 의미를 적어 보세요.

> 경제 활동을 할 수 있는 ☐☐ ~ ☐☐ 세의 생산 인구가 급속도로 줄어드는 현상

❷ 인구 절벽이라는 말은 누가 만들었나요?

미국의 경제학자 ☐☐☐

❸ 인구 절벽 현상으로 나타날 수 있는 일이 <u>아닌</u> 것은 무엇인가요? (   )

① 생산과 소비가 줄어들어 심각한 경제 위기가 닥칠 수 있다.
② 노인 인구가 많아져 의료비가 낮아진다.
③ 2100년이 되면 대한민국 인구가 절반으로 줄어들 수 있다.
④ 저출산 문제와 연결되어 더욱 심각한 위기가 올 수 있다.

생각 쑥쑥

인구 절벽 현상이 14세기에 흑사병이 퍼진 속도보다 빠르대. 흑사병은 세계적인 재앙이었는데, 이 병으로 3년 동안 2천만 명에 가까운 사람들이 죽었대.

인구 절벽 문제를 해결하기 위해 15년 동안 280조 원이나 되는 돈을 썼는데 별로 달라진 게 없어. 어떻게 해야 할까?

출산과 육아에 좋은 환경을 만들어야 해. 프랑스나 영국, 스웨덴 같은 나라는 아이를 키우기 좋은 환경을 만들기 위해 엄청 노력해서 저출산 문제를 해결했대.

생각 열매

- 여러분이 대통령이라면 인구 절벽 현상과 저출산 문제를 해결하기 위해 어떤 일을 하고 싶나요?

어휘 쑥쑥

絕壁 끊을 절 / 벽 벽
절벽 바위가 깎아 세운 것처럼 높이 솟아 있는 낭떠러지
예) 계곡 물이 절벽을 타고 떨어졌다.

低出産 낮을 저 / 날 출 / 낳을 산
저출산 아이를 적게 낳음
예) 우리나라의 저출산 속도는 세계 1위다.

消滅 사라질 소 / 꺼질 멸
소멸 사라져 없어짐
예) 산불로 인해 숲의 절반이 소멸했다.

생각 정리

우리나라는 인구 ☐☐ 현상과 심각한 ☐☐☐ 문제로 국가 ☐☐ 위기를 겪을 수 있다.

세계 13

2026년 완공, 사그라다 파밀리아 성당
천재 건축가 가우디가 설계한 아름다운 성당

월   일

스페인 바르셀로나에 위치한 사그라다 파밀리아 **성당**이 2026년 **완공**을 앞두고 있습니다. 이 성당은 천재 건축가 안토니 가우디가 140년 전에 설계한 건축물로, '신성한 가족'이라는 뜻이 담겨 있지요. 가난한 이들을 위한 성당이 되었으면 하는 가우디의 바람도 함께 들어 있습니다.

가우디는 성당을 짓기 위해 받을 수 있는 돈을 포기하고 **기부**를 통해 이 성당을 지었습니다. 하지만 완성은 쉽지 않았습니다. 1926년 갑작스럽게 가우디가 **전차**에 치여 사망하면서 다른 건축가들이 불완전한 **설계도**를 바탕으로 공사를 진행해야 했어요. 게다가 전쟁으로 가우디의 사무실이 불타고 자료가 사라지면서 더욱 어려움을 겪게 되었어요.

1950년대 들어 다행히 건축을 재개하게 됐지만 적은 인원으로 공사를 하다 보니 속도를 내기가 힘들었어요. 만약 현대 기술로 지었다면 훨씬 빨리 완성되었겠지만 그렇게 하지 않았죠. 그 덕에 사그라다 파밀리아 성당은 전 세계 수많은 사람이 찾는 멋진 관광지가 되었답니다. 스페인 정부는 가우디 사망 100주기가 되는 2026년에 성당을 완공하겠다고 발표했습니다. 건축 장비와 인원을 늘려 완성에 **박차**를 가하겠다고 말이지요.

- **성당**: 천주교의 종교 의식이 행해지는 집
- **완공**: 공사를 완성함
- **기부**: 돈이나 물건 따위를 대가 없이 내놓음
- **전차**: 공중에 설치한 전선에서 전력을 받아 길에 깔린 선로 위를 오가는 작은 기차처럼 생긴 차량
- **설계도**: 건축을 위해 구조, 치수 등을 그림으로 표시한 도면
- **박차**: 어떤 일이 빠르게 일어나게 하려고 더하는 힘

생각 씨앗

❶ 신문 기사를 소리 내어 읽었나요? ☐

❷ 기사의 제목을 적어 보세요.

----

❸ 기사에서 많이 나온 주요 단어는 무엇인가요?

ㄱ ㅇ ㄷ ㅅ ㄷ
☐ ☐ ☐ , ☐ ☐

생각 톡톡

❶ 사그라다 파밀리아 성당은 ☐☐☐☐ 년에 완공될 예정이에요.

❷ 사그라다 파밀리아 성당을 설계한 건축가의 이름은 무엇인가요?

☐☐☐☐☐☐

❸ 사그라다 파밀리아 성당에 관한 설명으로 <u>틀린</u> 것은 무엇인가요? ( )

① 스페인 바르셀로나에 있다.
② 이름에는 신성한 가족이라는 뜻이 담겨 있다.
③ 전 세계 수많은 사람들이 찾는 관광지다.
④ 정부는 비용 문제를 들어 성당 완공에 큰 관심을 보이지 않고 있다.

생각 쑥쑥

우리나라의 랜드마크인 L 타워를 짓는 데 6년이 걸렸다고 들었어. 그런데 사그라다 파밀리아 성당은 140년에 걸쳐 짓는다니 정말 천천히 짓는 것 같아.

매년 수백만 명의 관광객이 사그라다 파밀리아 성당을 찾는대. 관광료로 성당을 짓는다고 하니 보통 일이 아니겠지.

가우디 사망 100주년에 성당이 완성된다니 뜻 깊은 일이야. 성당을 찍은 영상을 봤는데 내부가 마치 숲처럼 생겼더라. 정말 아름다웠어.

생각 열매

- 여러분이 건축가라면 140년 동안 건물을 짓는 것에 대해 어떻게 생각하나요? 찬성 또는 반대를 선택하여 생각을 적어 보세요.

어휘 쑥쑥

天才 하늘 천 / 재주 재
천재 선천적으로 뛰어난 재주를 가진 사람
예) 피카소는 천재 화가다.

設計 베풀 설 / 셀 계
설계 계획을 세워 도면을 그리는 일
예) 건축가는 오랜 시간에 걸쳐 집을 설계했다.

完工 완전할 완 / 장인 공
완공 공사를 완성함
예) 체육관 완공을 눈앞에 두고 있다.

생각 정리

☐☐ 건축가 안토니 가우디가 ☐☐ 한 사그라다 파밀리아 성당은 2026년에 ☐☐ 될 예정이다.

사회 14

노키즈 존에서 노시니어 존까지
노 존(no-zone) 현상, 자유인가? 차별인가?

월   일

"어린이의 출입을 금지합니다."

특정 나이대의 손님을 받지 않는 노 존(no-zone) 현상에 대해 어떻게 생각하나요?

음식점이나 카페 문 앞에 걸려 있는 어린이 손님 금지 의미의 표지를 보는 경우가 종종 있어요. 여기에 더하여 이제는 노인 손님을 받지 않는 노시니어 존까지 생겼다고 하지요. 갈 곳 없는 어르신들이 음식점이나 카페에서 오랜 시간을 보낸다는 이유로 노시니어 존을 만든 거예요. 노키즈 존에 이어 노시니어 존까지 나오자 많은 사람들이 노 존 **현상**을 걱정스럽게 바라보고 있습니다.

노 존 현상의 시작은 노키즈 존입니다. 노키즈 존이 만들어진 건 어린이 안전사고 때문이에요. 열 살 어린이가 뜨거운 물을 들고 가던 종업원과 부딪혀 화상을 입는 사고가 있었습니다. 2013년, 법원은 종업원이 부주의했고 안전 교육이 부족했다며 4,000만 원가량을 물어내라고 **판결**했습니다. 이후 비슷한 사건이 반복되면서 노키즈 존도 늘어나게 되었어요.

우리나라에 있는 노키즈 존은 500여 곳에 이른다고 합니다. 노키즈 존을 찬성하는 사람들은 음식점이나 카페 사장님이 결정할 수 있는 **자유**의 문제라고 생각해요. 하지만 반대하는 사람들은 어린이의 **권리**를 **차별**한다고 주장해요. 노 존 현상을 어떻게 바라봐야 할까요? 이에 대한 깊이 있는 대화가 필요합니다.

- **특정**: 특별히 지정함
- **현상**: 나타나 보이는 현재의 상태
- **판결**: 시비나 선악을 판단하여 결정함
- **자유**: 자기 마음대로 할 수 있는 상태
- **권리**: 어떤 일을 할 때 당연히 요구할 수 있는 힘이나 자격
- **차별**: 둘 이상의 대상을 각각 등급이나 수준을 두어 구별함
- **시니어(Senior)**: 어르신
- **키즈(Kids)**: 아이들

생각 씨앗

❶ 신문 기사를 소리 내어 읽었나요? ☐

❷ 기사의 부제목을 적어 보세요.

․․

❸ 기사에서 많이 나온 주요 단어는 무엇인가요?

ㄴ ㅈ　ㅎ ㅅ
☐ ☐ , ☐ ☐

생각 톡톡

❶ 어르신들이 음식점이나 카페에서 오랜 시간을 보낸다고 해서 만들어진 노 존 현상은 무엇인가요?

노 ☐ ☐ ☐ 존

❷ 어린이 손님을 받지 않는 노 존 현상은 무엇인가요?

노 ☐ ☐ 존

❸ 노키즈 존은 왜 생겨났나요?

․․

․․

․․

생각 쑥쑥

며칠 전 부모님이랑 카페에 갔는데, 노키즈 존이라며 어린이는 2층에 올라갈 수 없다고 했어. 차별받는 기분이 들어서 좀 속상했어.

만약에 안전사고로 큰 벌금을 문다면 카페나 음식점을 제대로 운영할 수 있을까? 나는 사장님들이 노키즈 존을 운영할 수 있다고 생각해. 사장님의 자유니까.

카페나 음식점 사장님도 아이였던 적이 있을 거야. 요즘 출산율이 낮아서 걱정인데 노 존 현상이 늘어나는 건 바람직하지 않아. 아이들도 음식점이나 카페에 마음껏 갈 권리가 있어.

생각 열매

- 노키즈 존은 자유인가요? 차별인가요? 여러분의 생각을 적어 보세요.

어휘 쑥쑥

現象 나타날 현 코끼리 상
현상 나타나 보이는 현재의 상태

예) 지구 온난화로 이상 현상이 일어나고 있다.

自由 스스로 자 말미암을 유
자유 얽매이지 않고 자기 마음대로 할 수 있는 상태

예) 나도 말할 자유가 있다.

差別 다를 차 나눌 별
차별 둘 이상의 대상을 각각 등급이나 수준을 두어 구별함

예) 직업으로 사람을 차별해서는 안 된다.

생각 정리

특정 나이대의 손님을 받지 않는 노 존 □□,

□□ 인가? □□ 인가?

과학 15

누리호, 우주로 향하다
12년 3개월 만의 성공, 우주 개발 왜 필요한가?

월   일

2023년 6월 21일, 전남 고흥에 있는 나로우주센터에서 한국형 로켓 누리호가 발사됐습니다. 누리호를 개발한 지 12년 3개월 만의 성공이었지요. 한국항공우주연구원의 연구원들은 누리호가 **고도** 700km **상공**에 도달하자 서로 껴안고 기쁨을 나누었어요.

누리호는 인공위성을 로켓에 **탑재**해 띄우는 게 목적이에요. 2010년부터 개발을 시작해 독자적인 기술로 발사에 성공하기까지 무려 2조 원에 달하는 비용이 들어갔어요. 누리호의 성공으로 우리나라는 1톤(1,000kg) 이상의 무게가 나가는 물건을 로켓에 담아 쏘아 올린 세계 일곱 번째 우주 강국이 되었어요. 인공위성을 포함해 1톤이 넘는 물건을 로켓에 넣는 것은 매우 어려운 기술입니다. 전문가들은 이번 성공을 우주 **주권**을 확보하기 위한 첫걸음이라고 평가했어요.

한편 이번 성공을 시작으로 앞으로 우주 개발에 천문학적인 돈이 들어갈 것으로 보입니다. 높은 **비용**으로 인한 부담이 크니 다른 나라의 로켓을 빌려서 인공위성을 쏘아 올리자고 말하는 사람도 있습니다. 하지만 우리만의 **독자적**인 우주 기술을 갖는 것은 큰 의미가 있어요. 우주를 개발하는 일은 국가 **안보**를 위해 중요한 것은 물론이고 첨단 과학 기술의 발전을 촉진하는 일이기도 해요. 우리나라는 2027년까지 누리호의 신뢰성을 높이기 위해 네 차례 더 로켓을 발사할 예정이래요. 우리 모두 멋진 성공을 기원해요.

- **고도**: 해수면을 0으로 하여 측정한 대상 물체의 높이
- **상공**: 높은 하늘
- **탑재**: 배, 비행기, 차 따위에 물건을 실음
- **주권**: 가장 주요한 권리
- **비용**: 어떤 일을 하는 데 드는 돈
- **독자적**: 남에게 기대지 않고 혼자서 하는 것
- **안보**: 편안히 보전됨

생각 씨앗

❶ 신문 기사를 소리 내어 읽었나요? ☐

❷ 기사의 제목을 적어 보세요.

----

❸ 기사에서 많이 나온 주요 단어는 무엇인가요?

ㄴ	ㄹ	ㅎ

생각 톡톡

❶ 누리호는 개발한 지 얼마 만에 발사에 성공했나요?

☐☐ 년 ☐ 개월

❷ 누리호의 성공으로 우리나라는 1톤 이상의 무게가 나가는 물건을 로켓에 담아 쏘아 올린 세계 ☐☐ 번째 우주 강국이 되었어요.

❸ 누리호는 2027년까지 얼마나 더 로켓을 발사할 예정인가요?

☐ 차례

❹ 우리나라의 독자적인 우주 기술을 갖는 것은 왜 중요할까요?

생각 쑥쑥

우리나라가 1톤 이상의 무게가 나가는 물건을 로켓에 담아 쏘아 올린 세계 일곱 번째 우주 강국이라는 사실이 무척 자랑스러워.

우주 개발을 꼭 해야 할까? 엄청난 돈이 들어가는데 우리한테 뭐가 좋은 건지 잘 모르겠어. 실패 확률도 매우 높다고 들었는데, 차라리 그 돈을 어려운 이웃을 돕는 데 쓰면 어떨까?

우주 개발 과정에서 우리나라 과학 기술이 크게 발전하지 않을까? 운전할 때 쓰는 내비게이션 기술도 우주 기술에서 나왔잖아. 우리 국민의 자긍심을 높여 주기도 하고……. 난 우주 개발이 필요하다고 생각해.

생각 열매

- 여러분은 우주 개발이 필요하다고 생각하나요? 찬성 또는 반대를 선택하여 생각을 적어 보세요.

어휘 쑥쑥

發射 (필발, 쏠사) — **발사**: 활, 총포, 로켓이나 광선 따위를 쏘는 일
예) 우주 탐사를 위한 로켓 발사에 성공했다.

宇宙 (집우, 집주) — **우주**: 모든 천체를 포함하는 공간
예) 과학자들은 오랜 시간 동안 우주를 연구했다.

強國 (강할강, 나라국) — **강국**: 군사력과 경제력이 뛰어나 국제 사회에서 세력을 인정하는 나라
예) 미국은 세계 제일의 군사 강국이다.

생각 정리

우리나라는 누리호 □□ 에 성공해서 □□□□ 이 되었다.

생각 놀이터

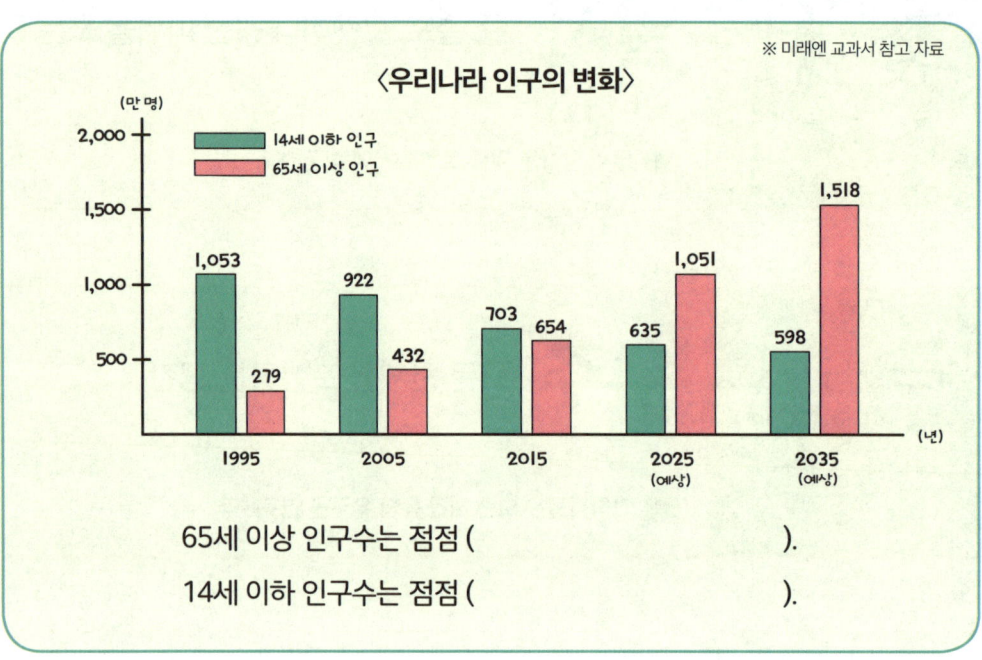

※ 미래엔 교과서 참고 자료

〈우리나라 인구의 변화〉

65세 이상 인구수는 점점 (　　　　　　　).

14세 이하 인구수는 점점 (　　　　　　　).

- 2035년이 되면 어떤 일이 벌어질까요? 그래프를 보고 떠오르는 생각을 적어 보세요.

NEWS 1호

4주차

4주차
주간 학습 계획표

회차	영역	신문 기사	학습 계획일
16	과학	딥페이크 기술과 가짜 사진	월 일
17	사회	소비 기한 표시제 전면 시행	월 일
18	문화	어른 입맛 저격, 먹태깡 돌풍	월 일
19	사회	왜 어린이날은 5월 5일이죠?	월 일
20	문화	산리오 캐릭터, 한국을 휩쓸다	월 일

과학 16

딥페이크 기술과 가짜 사진

인공지능으로 얼굴을 합성하는 기술로 인한 혼란

러시아와 전쟁 중인 우크라이나의 젤렌스키 대통령이 항복을 선언하는 가짜 영상이 인터넷에 공개되어 문제가 된 적이 있어요. 진짜인지 가짜인지 구별하기 어려울 정도로 정교한 이 영상은 딥페이크(Deep Fake)라는 기술을 이용해 만들어졌습니다. 이처럼 대통령 얼굴을 **합성**하여 가짜 뉴스를 만들어 퍼트리면 어떤 일이 벌어질까요? 사회가 큰 **혼란**에 빠질 수도 있습니다.

딥페이크란 인공지능으로 얼굴을 합성하는 기술을 말합니다. 딥러닝(Deep Learning)과 페이크(Fake)를 섞어서 만든 말이죠. 다시 말해, 인공지능이 데이터를 분석하고 스스로 학습하는 딥러닝 기술로 영상과 사진을 만들어내는 기술입니다.

딥페이크 기술을 잘 활용하면 영화나 드라마 등의 **특수 효과**를 향상 시킬 수 있습니다. 자신이 영화 속 주인공인 영상을 만들 수도 있고, 아인슈타인 같은 역사 속 인물을 **복원**해 마치 살아 있는 사람처럼 영상을 만들 수도 있지요. 문제는 이 기술을 나쁜 의도로 이용하는 경우입니다. 연예인이나 정치인의 얼굴과 목소리, 동작 등을 합성하여 가짜 영상을 만들어 퍼트리거나 **음란**한 사진을 만드는 범죄에도 이용될 수 있습니다.

앞으로 딥페이크 기술을 어떻게 이용해야 할지 진지한 고민이 필요합니다. 진짜와 가짜를 구분할 수 없는 세상이 된다면 우리는 아무것도 믿지 못하게 될 거예요.

- **합성**: 둘 이상의 것을 합쳐 하나를 이룸
- **혼란**: 뒤죽박죽이 되어 어지럽고 질서가 없음
- **특수 효과**: 특수한 기술로 만든 이미지나 시각적 요소로서 주로 영화 제작에 필요한 기술
- **복원**: 원래대로 회복함
- **음란**: 음탕하고 난잡함

생각 씨앗

1. 신문 기사를 소리 내어 읽었나요? ☐

2. 기사의 부제목을 적어 보세요.
   ----

3. 기사에서 많이 나온 주요 단어는 무엇인가요?

   ㄷ ㅍ ㅇ ㅋ
   ☐ ☐ ☐ ☐ 기술

생각 톡톡

1. 딥페이크 기술의 의미를 적어 보세요.

   ☐☐☐ 이 데이터를 분석하고 스스로 학습하는 딥러닝 기술로

   ☐☐ 과 ☐☐ 을 만들어내는 기술

2. 딥페이크 기술의 장점이 <u>아닌</u> 것은 무엇인가요? ( )

   ① 영화나 드라마에서 특수 효과를 향상 시킬 수 있다.
   ② 자신을 영화 주인공처럼 만들 수 있다.
   ③ 유명인의 얼굴과 목소리를 합성하여 가짜 영상을 만들어 퍼트릴 수 있다.
   ④ 역사 속 인물을 복원하여 살아 있는 것처럼 영상을 만들 수 있다.

생각 쑥쑥

딥페이크 기술은 위험한 것 같아. 대통령 얼굴을 합성해서 가짜 뉴스를 만들어 퍼트리면 국민들이 혼란스러울 거야.

영화나 드라마의 주인공을 원하는 얼굴로 바꿔서 영상을 만들 수 있다니 신기해! 어쩌면 영화배우 없이 영상을 만들 수 있는 세상이 올지도 모르겠어.

내 얼굴을 넣어서 이상한 영상을 만들어 올릴 수 있다고 하니 무서워. 기술이 발전하는 건 좋지만 범죄에 이용될 수 있으니 조심해야 할 것 같아!

생각 열매

- 딥페이크 기술로 만들어진 가짜 대통령 영상을 국민들이 보게 된다면 어떤 일이 벌어질까요?

어휘 쑥쑥

技術 재주 기 / 재주 술
기술 만들거나 짓거나 하는 재주
예) 신기술의 발달로 전 세계가 한 가족처럼 되었다.

合成 합할 합 / 이룰 성
합성 두 가지 이상을 합쳐 하나를 이룸
예) 인물 사진에 아름다운 배경을 합성한 사진이 유행 중이다.

混亂 섞을 혼 / 어지러울 란
혼란 뒤죽박죽이 되어 어지럽고 질서가 없음
예) 불이 나자 사람들이 혼란에 빠졌다.

생각 정리

딥페이크 ☐☐ 로 ☐☐ 한 가짜 사진 때문에 사회적으로 큰 ☐☐ 이 벌어질 수 있다.

사회

17

소비 기한 표시제 전면 시행
유통 기한을 소비 기한으로 바꾸면 연간 1조 원 절약

월   일

식품을 구입할 때 상품에 표시된 **유통** 기한을 확인하지요? 그런데 이제는 유통 기한이 아닌 **소비** 기한을 확인해야 합니다. 2023년 1월부터 소비 기한 표시제가 **시행**되어 유통 기한 대신 소비 기한을 표시하게 되었기 때문입니다. 1985년 유통 기한 표기 방식이 시작된 이후 약 40년 만의 변경입니다. 다만, 우유는 유통 과정의 문제로 2031년부터 적용하기로 했습니다.

상품에 날짜가 적혀 있는 건 똑같지만 유통 기한과 소비 기한은 달라요. 유통 기한은 제품의 제조일로부터 소비자에게 유통 판매가 허용되는 시간이에요. 상품을 만들고 파는 사람 중심의 표시제이지요. 반면 소비 기한은 안전하게 **섭취** 가능한 기한을 말해요. 상품을 구매하는 **소비자** 중심의 표시제이지요.

그렇다면 왜 소비 기한 표시제로 바꾸려고 할까요? 유통 기한을 섭취 가능한 **기한**으로 알고 있는 소비자가 많아서 엄청난 양의 음식이 버려지고 있기 때문이에요. 환경부에 따르면 유통 기한이 지났다는 이유로 폐기되는 음식이 전체 음식물 쓰레기의 10%에 이른다고 합니다. 소비 기한으로 바꾸면 음식물 쓰레기를 크게 줄일 수 있겠지요.

정부는 소비 기한 표시제 시행으로 연간 약 1조 원의 비용 **감축** 효과가 있을 것으로 기대하고 있습니다. 소비 기한 표시제로 환경도 보호하고 음식물 쓰레기도 줄일 수 있으면 좋겠어요.

- **유통**: 상품이 생산자에서 소비자까지 도달하는 과정
- **소비**: 돈이나 물자, 시간, 노력 따위를 들이거나 써서 없앰
- **시행**: 시험적으로 행함
- **섭취**: 양분 따위를 몸속에 넣는 일
- **소비자**: 상품을 소비하는 사람
- **기한**: 미리 한정하여 놓은 시기
- **감축**: 덜어서 줄임

생각 씨앗

❶ 신문 기사를 소리 내어 읽었나요? ☐

❷ 기사의 부제목을 적어 보세요.

------

❸ 기사에서 많이 나온 주요 단어는 무엇인가요?

ㅅ ㅂ ㄱ ㅎ
☐ ☐ ☐ ☐ 표시제

생각 톡톡

❶ 소비 기한 표시제는 언제부터 시작되었나요?

☐☐☐☐ 년

❷ 소비 기한 표시제란 무엇인가요?

☐☐ 하게 식품 ☐☐ 가 가능한 ☐☐

❸ 소비 기한 표시제로 바꾸려는 이유는 무엇인가요?

생각 쑥쑥

음식물 쓰레기가 많이 버려지고 있어. 소비 기한 표시제로 바뀌었으니 버려지는 음식물이 줄어들지 않을까?

기사를 읽고 나서야 알았어. 소비 기한과 유통 기한의 차이점이 뭔지 적극적으로 홍보해야 할 것 같아.

소비 기한을 정할 때 소비자의 안전을 최대한 고려하면 좋겠어. 온도에 민감한 상품도 많아서 신중하게 결정할 문제인 것 같아.

생각 열매

- 소비 기한 표시제로 바뀐 것에 관해 어떻게 생각하나요?

어휘 쑥쑥

消 費
사라질 소　쓸 비

소비 돈이나 시간, 노력을 들여 쓰고 없앰

예) 건강에 대한 관심이 늘면서 채소 소비가 늘어났다.

表 示
겉 표　보일 시

표시 겉으로 드러내 보임

예) 문에 출입 금지 표시가 있었다.

環 境
고리 환　지경 경

환경 생물에게 영향을 주는 자연적 조건이나 상황

예) 갈수록 환경오염이 심각해지고 있다.

생각 정리

☐☐ 기한 ☐☐ 제로 바꾸면 ☐☐을 보호하고 음식물 쓰레기도 줄일 수 있다.

문화 18

어른 입맛 저격, 먹태깡 돌풍
성인 입맛에 맞춘 안주 과자로 인기 몰이 중

월   일

　출시 3개월 만에 600만 봉 이상 판매되며 열풍을 일으키고 있는 먹태깡의 인기가 대단합니다. 몇 년 전 허니버터칩, 최근의 포켓몬빵 열풍과 비슷한 일입니다. 고작 과자 하나에 **유난**을 떤다고요? 허니버터칩과 포켓몬빵은 아이들 사이에서 유행이 시작됐지만 먹태깡은 어른 입맛에 맞춰진 과자라는 점에서 다릅니다.

　먹태깡과 노가리칩은 일명 **안주** 과자로 불립니다. 어른들이 **회식** 자리나 술자리에서 먹는 안주에서 시작된 거죠. 우선 먹태와 노가리 둘 다 명태를 이용해 만든 식품이에요. 명태를 얼리고 녹이는 건조 과정에서 날씨의 영향으로 색이 검게 변한 걸 '먹태'라고 하지요. 식감이 부드럽고 맛있어서 어른들의 술안주로 애용되어 왔습니다. 노가리는 2~3년 된 어린 명태로, 노릇한 빛깔에 고소한 맛이 특징이에요.

　어른들이 술안주로 자주 찾는 먹태와 노가리를 과자로 만들겠다는 생각을 하고 실행하기까지 쉽지 않았을 거예요. 과자는 주로 아이들이 많이 먹으니까요. 하지만 먹태깡 열풍을 통해 더는 아이들만이 과자의 소비층이 아니라는 게 증명되었어요.

　이러한 변화는 일상에서도 쉽게 볼 수 있습니다. 우유 업체는 이제 분유보다 성인 단백질 **보충제**에 더 많은 관심을 쏟고 있습니다. 매운 라면이 계속해서 나오는 것도 어린이 인구는 줄어들고 노인 인구는 늘어나는 인구 변화와 관련이 깊습니다. 그런 면에서 먹태깡 **돌풍**은 우리 사회의 변화를 잘 보여주고 있다고 할 수 있습니다.

- **유난**: 언행이나 상태가 보통과 아주 다름
- **안주**: 술을 마실 때 곁들여 먹는 음식
- **회식**: 여러 사람이 모여 함께 음식을 먹음
- **보충제**: 필요한 영양분을 보충할 목적으로 생산, 판매되는 의약품
- **돌풍**: 갑작스럽게 사회적으로 많은 관심을 끄는 현상

생각 씨앗

❶ 신문 기사를 소리 내어 읽었나요? ☐

❷ 기사의 부제목을 적어 보세요.

....

❸ 기사에서 많이 나온 주요 단어는 무엇인가요?

ㅇ ㅈ
☐ ☐ 과자

생각 톡톡

❶ 먹태깡은 출시 3개월 만에 ☐ ☐ ☐ 만 봉 넘게 판매되었어요.

❷ 먹태깡과 노가리칩은 일명 무슨 과자로 불리나요?

☐ ☐ 과자

❸ 어른들의 입맛에 맞춰진 과자를 만드는 이유는 무엇인가요?

....

....

....

생각 쑥쑥

저출산 문제가 과자 판매와 연결되어 있을 줄은 몰랐어. 심각한 저출산 문제가 과자 소비층을 바꿀 줄이야.

라면 맛이 전보다 매워지고 단백질 보충제 광고가 늘어난 데는 다 이유가 있었구나.

시간이 지나면 인기가 식을지도 몰라. 과자는 역시 어린이들이 최고의 고객 아닐까?

생각 열매

- 저출산, 고령화 현상이 더욱 심해지면 과자의 맛도 바뀔까요?

어휘 쑥쑥

按酒 누를 안 · 술 주
안주 술을 마실 때 곁들여 먹는 음식
예 안주로 오징어를 시켰다.

菓子 과자 과 · 아들 자
과자 밀가루나 쌀가루 등에 설탕, 우유 따위를 섞어 굽거나 기름에 튀겨서 만든 음식
예 어머니께서 맛있는 과자를 사 오셨다.

人氣 사람 인 · 기운 기
인기 어떤 대상에 쏠리는 대중의 높은 관심
예 요즘은 짧은 머리가 인기다.

생각 정리

기록적인 저출산으로 어른을 대상으로 한 ☐☐☐☐ 의 ☐☐ 가 높아졌다.

사회

19

왜 어린이날은 5월 5일이죠?
세상 모든 어린이는 소중하고 행복해야 하니까

월   일

대한민국 어린이들이 가장 기다리는 날, 바로 5월 5일 '어린이날'입니다. 어린이날은 어린이의 **인격**을 소중히 여기고 어린이의 행복을 보장해주기 위해 만든 **기념일**이에요. 독립운동가이자 어린이 인권운동가인 방정환 선생님이 만들었지요.

방정환 선생님은 일제 **강점기** 암울한 상황 속 민족의 희망을 어린이에게서 찾았어요. 1921년 '어린아이'의 높임말로 '어린이'라는 단어를 **공식화**하고, 1923년 5월 1일 대한민국 최초의 어린이날 행사를 열었지요. 하지만 당시의 어린이날은 지금과는 사뭇 달랐어요. 일본의 식민지였던 탓에 공공장소에 모여 축제를 즐길 수 없었거든요.

최초의 어린이날은 5월 1일이었지만 노동절과 겹친다는 이유로 1928년부터 5월 첫째 주 일요일로 날짜를 바꾸었어요. 행사 규모가 점점 커지자 민족의식의 **고취**를 우려한 일본은 1937년부터 행사를 금지했지요.

하지만 광복 이후 어린이날은 부활했고, 1946년 5월 첫째 주 일요일 첫 기념식이 열렸습니다. 이 날이 바로 5월 5일이었답니다. 이후 **혼동**을 막기 위해 5월 5일을 어린이날로 정하게 되었어요. 그리고 1961년 아동복지법에 따라 공식적으로 5월 5일을 어린이날로 지정, 1975년부터는 공휴일로 제정하여 지금의 '어린이날'이 되었답니다.

- **인격**: 사람으로서의 품격
- **기념일**: 해마다 그 일이 있었던 날을 기억하는 날
- **강점기**: 남의 영토나 권리 따위를 강제로 차지한 시기
- **공식화**: 국가와 사회에 관계된 정해진 방식이 됨
- **고취**: 의견이나 사상 따위를 열렬히 주장하여 불어넣음
- **혼동**: 구별하지 못하고 뒤섞여 생각함

생각 씨앗

❶ 신문 기사를 소리 내어 읽었나요? ☐

❷ 기사의 부제목을 적어 보세요.

❸ 기사에서 많이 나온 주요 단어는 무엇인가요?

ㅇ ㄹ ㅇ ㄴ

생각 톡톡

❶ 어린이날은 누가 만들었나요?

❷ 최초의 어린이날은 언제였나요?

1923년 ☐월 ☐일

❸ 어린이날은 왜 5월 5일로 바뀌었나요?

생각 쑥쑥

최초의 어린이날은 5월 1일이었다는 걸 처음 알게 되었어. 일제 강점기에 우리 민족의 희망을 어린이에게서 찾았다니 정말 뜻 깊은 날이야.

어린이날이 있어서 정말 행복해! 5월이 되면 가장 기다려지는 날이야.

어린이날이 법으로 정해지기까지 많은 일이 있었구나! 정말 소중한 날이라는 생각이 들었어.

생각 열매

- 방정환 선생님이 어린이날을 만든 이유는 무엇인가요?

어휘 쑥쑥

最初
가장 최 / 처음 초

최초 맨 처음

예) 거북선은 우리나라 최초의 철갑선이다.

法
법 법

법 국가의 강제력을 수반하는 사회 규범

예) 죄를 지으면 법에 따라 처벌을 받을 수 있다.

指定
가리킬 지 / 정할 정

지정 가리키어 확실하게 정함

예) 지정된 자리에 앉으세요.

생각 정리

☐☐의 어린이날은 5월 1일이었지만 노동절과 겹치면서 1961년 아동복지 ☐에 따라 5월 5일로 ☐☐되었다.

문화 20

산리오 캐릭터, 한국을 휩쓸다
귀여우면 지갑 연다! 캐릭터 전성시대

산리오는 1960년에 **설립**된 일본 캐릭터 기업의 이름입니다. 산리오라는 이름은 '성스러운 강'이란 뜻의 스페인어에서 **유래**했지요. 지역 **특산물** 기념품점으로 시작한 산리오는 1973년 본격적으로 캐릭터 사업을 시작, 이듬해 출시한 동전 지갑으로 큰 성공을 거두었습니다. 바로 우리가 잘 아는 헬로키티였죠.

현재 우리나라에서 인기를 끌고 있는 산리오 캐릭터는 따로 있습니다. 마이멜로디, 쿠로미, 시나모롤이 그 주인공이죠. 먼저 마이멜로디는 1975년에 출시되었어요. 분홍색 **두건**을 쓴 토끼 캐릭터로, 흔히 마멜로도 불려요. 쿠로미는 검은 색감이 특징으로, 핑크색 해골이 그려진 검은 두건을 쓰고 있어요. 요즘 세계에서 가장 인기가 많은 캐릭터는 바로 시나모롤입니다. 큰 귀를 펄럭이며 날아다니는 시나모롤은 2001년에 처음 나온 강아지 캐릭터로, 오랫동안 꾸준한 사랑을 받고 있어요.

산리오 캐릭터의 인기는 여전히 뜨겁습니다. 산리오 캐릭터가 없는 문구점을 찾기 어려울 정도니까요. 그런데 산리오 캐릭터가 이렇게 갑자기 인기를 끌게 된 이유는 무엇일까요? 산리오 **관계자**의 말에 따르면 "카카오 프렌즈 같은 국내 캐릭터 산업의 성장과 나이 들기를 거부하고 젊게 살기를 원하는 어른들이 많아졌기 때문"이라고 합니다. 산리오 캐릭터에 대한 폭발적인 반응은 **당분간** 계속될 것 같네요.

- **설립**: 기관이나 조직체 따위를 만들어 일으킴
- **유래**: 사물이나 일이 생겨남
- **특산물**: 어떤 지역의 특별하게 생산되어 나온 물건
- **두건**: 헝겊 따위로 만들어서 머리에 쓰는 물건
- **관계자**: 어떤 일에 관련이 있는 사람
- **당분간**: 앞으로 얼마간

생각 씨앗

❶ 신문 기사를 소리 내어 읽었나요? ☐

❷ 기사의 제목을 적어 보세요.

----

❸ 기사에서 많이 나온 주요 단어는 무엇인가요?

ㅋ	ㄹ	ㅌ

생각 톡톡

❶ 산리오는 스페인어로 무슨 뜻인가요?

				강

❷ 1973년에 동전 지갑으로 유명해진 캐릭터 이름은 무엇인가요?

❸ 산리오 캐릭터가 갑자기 인기를 끌게 된 이유는 무엇인가요?

생각 쑥쑥

요즘에는 캐릭터가 정말 중요해졌어. 나도 물건을 살 때 캐릭터를 보고 고르는 경우가 많거든.

헬로키티가 1973년에 만들어졌고, 마이멜로디가 1975년에 만들어졌다니 엄청 오래된 캐릭터였구나.

캐릭터를 개발해서 성공하면 큰돈을 벌 수 있겠네. 사업을 할 때 멋진 캐릭터를 만드는 것도 엄청 중요하겠다.

생각 열매

- 평소 내가 좋아하는 캐릭터와 이유를 적어 보세요.

어휘 쑥쑥

産業 낳을 산 / 업 업
산업 인간의 생활을 경제적으로 풍요롭게 하기 위해 재화나 서비스를 생산하는 사업
예) 반도체 산업이 눈부시게 발전했다.

成長 이룰 성 / 길 장
성장 사물이나 세력의 규모가 커짐
예) 대한민국 경제는 큰 성장을 이루었다.

暴發 사나울 폭 / 필 발
폭발 힘이나 열기 따위가 갑작스럽게 퍼짐
예) 새 드라마의 인기가 폭발적이다.

생각 정리

국내 캐릭터 □□ 의 □□ 과 젊게 살려는 어른들이 늘어나면서 산리오 캐릭터가 □□ 적인 인기를 끌고 있어요.

생각 놀이터

- 여러분이 과자를 만드는 개발자라고 생각하고 새로운 과자의 이름을 정하고 포장지를 디자인해 보세요.

과자 소개

NEWS 1호

5주차

5주차
주간 학습 계획표

회차	영역	신문 기사	학습 계획일
21	문화	세계로 뻗어나가는 K웹툰	월 일
22	환경	화성보다 지구라고요?	월 일
23	사회	새로운 시대의 주인공이 될 알파 세대	월 일
24	과학	구슬 아이스크림에 특허가 없는 이유는?	월 일
25	예술	벽 낮춰 대중 속으로 들어온 뮤지컬	월 일

문화 21

세계로 뻗어나가는 K웹툰
한국형 웹툰, 글로벌 콘텐츠 시장을 장악하다

　대한민국 문화 앞에 'K'를 붙이는 경우가 많습니다. K팝을 시작으로 K드라마, K웹툰 등 우리의 우수한 **문화**를 전 세계에 알리는 표현으로 자주 사용하죠. 그중 K웹툰은 뒤늦게 붙여진 이름이지만 **글로벌 콘텐츠** 시장에서 큰 인기를 끌고 있습니다.

　웹툰은 인터넷을 통해 연재와 배포를 하는 만화를 뜻합니다. 국내뿐 아니라 세계 각지에서 K웹툰을 즐겨 보고 있지요. 이를 바탕으로 애니메이션이나 드라마를 만들기도 해요. 특히 만화 **강국**으로 알려진 일본에서도 K웹툰의 존재감이 상당히 커졌습니다.

　K웹툰이라는 말을 처음 사용하게 만든 **작품**은 추공 작가의 〈나 혼자만 레벨업〉으로, 한일 양국에서 수백억 대의 **매출**을 기록했습니다. 뿐만 아니라 일본 픽코마에서 2019년 올해의 웹툰, 2020 픽코마 어워드를 2년 연속 수상하기도 했지요.

　K웹툰은 미국 애니메 엑스포, 프랑스 어메이징 페스티벌, 태국 K**박람회** 등 다양한 글로벌 행사에서 대한민국의 **위상**을 드높이고 있습니다. 이렇게 K웹툰의 위상이 나날이 커지자 해외에서도 이를 활용한 영상화 작업을 활발하게 진행하고 있습니다. 국내는 물론 해외에서 나날이 위상이 높아지는 K웹툰, 자랑스럽습니다.

- **문화**: 사회 구성원에 의해 배우고, 익히고, 나누며 전달되는 행동 양식
- **글로벌**: 세계적인
- **콘텐츠**: 인터넷 통신망을 통해 제공하는 정보
- **강국**: 어떤 분야에서 국가의 능력이 뛰어나 능력을 인정받는 나라
- **작품**: 예술 창작의 결과물
- **매출**: 물건을 내어 파는 것
- **박람회**: 만든 물건이나 작품을 널리 알리기 위해 여는 전람회
- **위상**: 어떤 사람이나 일이 특정한 상황에서 처한 위치나 상태

생각 씨앗

❶ 신문 기사를 소리 내어 읽었나요? ☐

❷ 기사의 제목을 적어 보세요.

----

❸ 기사에서 많이 나온 주요 단어는 무엇인가요?

K ☐ᵒ ☐ᴱ

생각 톡톡

❶ 인터넷을 통해 연재하고 배포하는 만화를 무엇이라고 하나요?

☐ ☐

❷ 신문에서 K웹툰이 알려진 나라 이름을 세 가지만 쓰세요.

(,   ,   )

❸ K웹툰에 관한 설명 중 옳지 <u>않은</u> 것은 무엇인가요? (   )

① 글로벌 콘텐츠 시장에서 인기가 매우 많다.
② 다른 나라에서 영상 제작에 들어가기도 했다.
③ 세계 각지에서 즐겨 보지만 일본에서는 인기가 없다.
④ 글로벌 행사의 중심에서 대한민국의 위상을 드높인다.

생각 쑥쑥

K웹툰이 만화 강국인 일본에서도 다양한 상을 받았다고 하니 놀라워. 역시 만화는 대단해!

난 K웹툰과 같은 만화도 재미있지만 글씨를 읽으며 상상할 수 있는 동화가 더 재미있어!

우리나라 동화책 중에 다른 나라에 수출되는 책들이 많다고 해. 어떤 이름을 붙이면 좋을까?

생각 열매

- 다른 나라 사람에게 소개하고 싶은 K문화를 한 가지 정해서 소개해 보세요.
  (예) K팝, K드라마, K웹툰, K판타지, K동화

어휘 쑥쑥

文化
글월 문 / 화할 화

문화 사회 구성원에 의해 전달되는 양식

예 우리나라 문화가 세계로 뻗어나간다.

位相
자리 위 / 서로 상

위상 어떤 사람이나 일이 특정한 상황에 처한 위치나 상태

예 K웹툰의 위상이 높아지고 있다.

賣出
팔 매 / 날 출

매출 물건을 내어 파는 것

예 작년보다 올해 매출이 늘었다.

생각 정리

우리 ☐☐의 ☐☐을 드높인 K웹툰이 수백억 ☐☐을 기록했다.

환경 22

화성보다 지구라고요?

화성으로 이주하기 vs. 지구 보존하기

지구 환경이 점점 **오염**되면서 대안으로 나온 방안 중 하나가 화성으로의 **이주**입니다. 이 일의 선봉에는 테슬라의 CEO 일론 머스크가 있지요.

머스크는 화성 환경을 지구처럼 만드는 **테라포밍**(Terraforming) 프로젝트를 진행 중입니다. 테라포밍에 성공하면 화성으로 이주하여 쾌적한 생활을 누릴 수 있을 거라고 말합니다.

하지만 화성으로 이주하기 위해서는 아직 넘어야 할 산이 많습니다. 기본적으로 화성까지 무사히 갈 수 있어야 하는데, 아직 화성에 다녀온 사람은 한 명도 없습니다. 현재의 과학 기술로 화성까지 가려면 이동 시간만 7개월 이상이 걸리기도 하고요.

가는 길도 험난하지만 화성에 무사히 도착하더라도 문제가 많습니다. 화성의 기온은 낮에는 영상 20도이지만 밤에는 영하 150도로 견디기 힘들고, **대기**의 95%가 이산화탄소라서 사람이 숨을 쉴 수 없습니다. 또한 화성의 중력은 지구의 1/3밖에 되지 않아요. 중력이 극도로 낮으면 뼈에 이상이 생겨 사람이 제대로 서 있을 수 없지요.

지구 환경 보호에 앞장서는 브랜드 '파타고니아'는 창립 50주년을 맞아 지구를 포기하고 화성 이주를 주장하는 사람들에게 'Not Mars(화성은 됐고)'라며 **일침**을 가했습니다. 화성에 이주할 열정과 에너지로 지구를 잘 보존하는 게 훨씬 현실적이고 쉬운 일이라고 말이죠.

- **오염** : 공기나 물, 환경 따위가 더러워지거나 해로운 물질에 물드는 것
- **이주** : 거주지를 다른 곳으로 옮겨서 삶
- **테라포밍** : 지구가 아닌 다른 천체의 환경을 지구와 비슷하게 만드는 것
- **대기** : 지구 중력에 의해 지구를 둘러싸고 있는 기체
- **일침** : 따끔한 충고를 비유적으로 이르는 말

생각 씨앗

❶ 신문 기사를 소리 내어 읽었나요? ☐

❷ 기사의 제목을 적어 보세요.

------

❸ 기사에서 많이 나온 주요 단어는 무엇인가요?

ㅎ	ㅅ	ㅇ	ㅈ
		,	

생각 톡톡

❶ 화성의 환경을 지구처럼 만드는 것을 무엇이라고 하나요?

☐☐☐☐

❷ 화성의 기온은 낮에는 영상 ☐☐ 도이지만 밤에는 영하 ☐☐☐ 도로 매우 추워요.

❸ 화성 이주에 관한 설명으로 옳지 않은 것은 무엇인가요? ( )

① 지금까지 화성에 다녀온 사람은 단 한 명뿐이다.
② 화성 이주의 선봉에 선 사람은 일론 머스크다.
③ 화성 이주를 위해 넘어야 할 산은 아직 많다.
④ 화성은 지구보다 중력이 매우 낮아 사람 뼈에 이상이 생긴다.

생각 쑥쑥

지구가 점점 오염되고 있어. 화성으로 이주할 방법을 서둘러 찾아야 해.

그보다는 지금 우리가 살고 있는 지구 환경을 깨끗하게 하는 게 더 현실적이지 않을까?

화성으로 이주하든 하지 않든 지구 환경을 깨끗하게 하는 건 우리 모두의 역할이야.

생각 열매

- 지구를 떠나 화성으로 이주하는 것과 지구를 지키는 것 중 어느 것이 더 나은 대안일까요? 선택을 하고 이유를 적어 보세요.

어휘 쑥쑥

汚染 더러울 오, 물들 염
오염: 공기나 물, 환경이 더러워지거나 해로운 물질에 물드는 것
예) 바다가 쓰레기로 오염되었다.

大氣 큰 대, 기운 기
대기: 지구 중력에 의해 지구를 둘러싸고 있는 기체
예) 달에는 대기가 거의 없다.

移住 옮길 이, 살 주
이주: 거주지를 다른 곳으로 옮겨서 삶
예) 나라를 잃은 사람들이 다른 곳으로 이주했다.

생각 정리

지구가 ☐☐ 되었다는 이유로 ☐☐ 의 대부분이 이산화탄소로 이루어진 화성으로 ☐☐ 하려는 것은 현실적이지 못하다.

사회
23

새로운 시대의 주인공이 될 알파 세대
태어날 때부터 태블릿과 함께 성장한 아이들의 미래는

월   일

알파 세대란 2010~2024년 사이에 태어난 아이들을 말합니다. 어릴 때부터 태블릿PC를 사용해온 이 아이들은 **멀티태스킹**에 매우 익숙하죠. 대부분 패드로 유튜브를 시청하면서 동시에 스마트폰으로 게임을 하고, 노트북으로 드라마를 시청하는 게 어렵지 않습니다.

알파 세대의 또 다른 특징은 초등학교 시절에 코로나 **팬데믹**을 겪었다는 점입니다. 이들 중에는 코로나 팬데믹을 지나 **엔데믹**이 되었어도 여전히 마스크를 끼지 않으면 불안함을 느끼는 경우도 많습니다. 팬데믹으로 인해 알파 세대는 서로 대화를 나누기보다는 마인크래프트나 로블록스, 제페토 등 **가상공간**에서 많은 시간을 보냈습니다. 이런 이유로 얼굴을 마주 보고 대화하는 데 어려움을 겪기도 하지요.

반면 알파 세대는 가상공간에서 많은 시간 자신만의 세계를 가진 덕에 **개성**이 매우 뚜렷합니다. 이들은 아이돌을 좋아하고, 흉내 내기를 잘하며, 아이돌을 멀리 있는 **존재**가 아닌 친근한 존재라고 생각합니다.

알파 세대의 먹거리 역시 독특한데요. 여자들은 주로 마라탕을 좋아하고, 남자들은 주로 라면을 좋아합니다. 물론 둘 다 좋아하는 경우도 많아요.

이처럼 새로운 시대를 열어갈 알파 세대가 앞으로 어떤 세상을 만들어 갈지 무척 궁금하네요.

- **멀티태스킹**: 동시에 여러 가지 일을 하는 것
- **팬데믹**: 전염병이 전 세계적으로 크게 유행하는 현상
- **엔데믹**: 전염병이 사라지지 않고 주기적으로 발생하며 토착화된 상황
- **가상공간**: 실제 존재하는 공간이 아닌 인터넷상에 존재하는 공간
- **개성**: 한 사람이 가지는 고유한 취향이나 특성
- **존재**: 주위의 주목을 받을 만한 사람이나 대상

생각 씨앗

❶ 신문 기사를 소리 내어 읽었나요? ☐

❷ 기사의 부제목을 적어 보세요.

----

❸ 기사에서 많이 나온 주요 단어는 무엇인가요?

ㅇ	ㅍ	ㅅ	ㄷ

생각 톡톡

❶ ☐☐☐☐년부터 ☐☐☐☐년 사이에 태어난 아이들을 알파 세대라고 불러요.

❷ 알파 세대에 관한 설명으로 옳지 <u>않은</u> 것은 무엇인가요? ( )
 ① 유튜브를 보면서 동시에 스마트폰 게임을 한다.
 ② 아이돌을 멀리 있는 존재라고 생각하지 않는다.
 ③ 남자는 마라탕을 좋아하고, 여자는 라면을 좋아한다.
 ④ 얼굴을 마주 보고 대화를 나누는 데 어려움을 겪기도 한다.

❸ 마인크래프트나 로블록스, 제페토 등 여러 게임 중에서 여러분이 경험한 것을 쓰고, 어떤 활동을 했는지 적어 보세요.

• 가상공간 게임:

• 내가 한 활동:

생각 쑥쑥

어제 로블록스에서 전학 간 친구를 오랜만에 만나서 한참 동안 게임도 하고 채팅도 했어.

나도 게임에서는 말을 잘하는데, 막상 학교에서 친구들을 만나면 말이 잘 나오지 않아.

난 학교에서 친구들 얼굴을 보고 직접 대화하는 게 더 편하고 좋아.

생각 열매

- 여러분은 게임 속에서 대화하는 것과 현실에서 대화하는 것 중 어느 것이 더 편한가요? 더 편한 것과 이유를 간단히 적어 보세요.

어휘 쑥쑥

假想空間 (거짓 가, 생각 상, 빌 공, 사이 간)
가상공간 실제로 존재하는 공간이 아닌 인터넷상에 존재하는 공간
예) 과학의 발달로 가상공간이 현실과 가까워지고 있다.

個性 (낱 개, 성품 성)
개성 한 사람이 갖는 고유한 취향이나 특성
예) 알파 세대는 개성이 뚜렷하다.

存在 (있을 존, 있을 재)
존재 주위의 주목을 받을 만한 사람이나 대상
예) 아버지는 나에게 안식처 같은 존재다.

생각 정리

☐☐☐☐ 이 익숙한 알파 세대는 그들이 가진 ☐☐으로 새로운 시대를 열어갈 ☐☐다.

과학 24

구슬 아이스크림에 특허가 없는 이유는?
불운의 과학자가 준 알록달록한 선물

월   일

작고 동글동글한 구슬로 꽉 찬 구슬아이스크림은 아이들은 물론 어른들도 매우 좋아하는 간식이에요. 그 특유의 맛을 꾸준히 찾는 사람들 덕에 사계절 내내 인기를 끌고 있지요.

구슬아이스크림은 **영하** 196도의 액체 질소에 아이스크림 혼합액을 방울방울 떨어뜨려 만듭니다. 갓 만든 구슬아이스크림의 온도는 영하 120도로, 말로는 표현할 수 없을 만큼 무척 차갑습니다. 참고로 남극의 겨울 기온이 영하 60도랍니다.

구슬아이스크림은 미국의 과학자 커트 존스(Curt Jones)가 **액체 질소**를 이용해 연구를 하던 중 우연히 **발명**했어요. 평소 아이스크림을 좋아했던 그는 1988년 미국 일리노이에서 디핀다트(Dippin' dots)라는 회사를 만들어 구슬아이스크림을 판매하기 시작했어요. 생소한 모양 때문인지 처음에는 판매가 쉽지 않았죠. 하지만 이후 이동식 판매를 시작하면서 큰 성공을 거두었습니다.

하지만 커트 존스는 구슬아이스크림 제조 방식에 대한 **특허**를 인정받지 못했습니다. 미국 특허법상 개발한 지 1년 안에 **등록**하지 않으면 특허를 인정받지 못하는데, 4년이 지나 등록 신청을 한 탓이지요. 커트 존스에게는 무척 안타까운 일이지만 그의 실수 덕분에 지금 많은 사람들이 자유롭게 구슬아이스크림을 만들어 팔 수 있게 되었어요.

- **영하**: 섭씨온도계에서 눈금이 0℃ 이하의 온도
- **액체 질소**: 액체 상태가 된 질소
- **발명**: 전에 없던 물건이나 방법 따위를 새로 생각하여 만들어냄
- **특허**: 새로 발명한 것에 대한 여러 권리를 독점할 수 있는 권리
- **등록**: 허가나 인정을 받기 위해 단체나 기관에 이름을 올림

생각 씨앗

❶ 신문 기사를 소리 내어 읽었나요? ☐

❷ 기사의 제목을 적어 보세요.

------

❸ 기사에서 많이 나온 주요 단어는 무엇인가요?

ㄱ	ㅅ	ㅇ	ㅇ	ㅅ	ㅋ	ㄹ

생각 톡톡

❶ 구슬 아이스크림을 발명한 커트 존스의 직업은 무엇인가요?

☐☐☐

❷ 미국의 특허법은 개발한 지 얼마 안에 특허를 등록해야 하나요?

☐ 년

❸ 구슬 아이스크림에 관한 설명으로 옳지 않은 것은 무엇인가요? (   )

① 미국의 과학자 커트 존스가 만들었다.
② 구슬 아이스크림은 특허가 있는 사람만 만들어 팔 수 있다.
③ 갓 만든 구슬 아이스크림의 온도는 영하 120도 정도이다.
④ 커트 존스는 미국 일리노이에서 디핀다트라는 회사를 만들었다.

생각 쑥쑥

구슬 아이스크림을 발명하고도 특허권을 갖지 못한 커트 존스의 마음은 어떨까?

덕분에 누구나 구슬 아이스크림을 만들 수 있어서 좋기는 한데, 미국의 특허법이 아쉽기는 해. 개발한 지 1년 안에 특허 등록을 해야 한다는 조건을 알고 있는 사람이 많지는 않을 테니까 말이야.

 특허 등록 기간이 너무 길어도 문제가 생길 것 같아. 발명한 사람을 충분히 보호하기는 하겠지만 비슷한 발명품을 만든 사람들이 곤란에 빠질 수도 있을 테니까!

생각 열매

- 개발한 지 1년 안에 등록을 해야 한다는 미국의 특허법에 대한 여러분의 생각을 자유롭게 적어 보세요.

어휘 쑥쑥

發明 필 발 / 밝을 명
발명 전에 없던 물건이나 방법을 새로 생각하여 만들어냄
예) 과학자 커트 존스는 구슬 아이스크림을 발명했다.

特許 특별할 특 / 허락할 허
특허 새로 발명한 것에 대한 여러 권리를 독점할 수 있는 권리
예) 특허를 받아야 권리가 생긴다.

登錄 오를 등 / 기록할 록
등록 허가나 인정을 받기 위해 단체나 기관에 이름을 올림
예) 회사가 새로운 물건에 대한 특허를 등록했다.

생각 정리

구슬 아이스크림은 ☐☐ 후 ☐☐를 제때 ☐☐ 하지 않아 특허권이 없다.

예술
25

벽 낮춰 대중 속으로 들어온 뮤지컬
오페라와 뮤지컬, 어떻게 다를까?

월   일

　오페라와 뮤지컬은 둘 다 음악과 연기가 합쳐진 **종합 예술**이자 **음악극**이에요. 하지만 오페라와 뮤지컬의 출발은 다릅니다. 오페라는 17세기경 이탈리아에서 시작되었고, 뮤지컬은 그보다 300여 년이 지난 20세기경 미국 브로드웨이에서 시작됐지요.

　공연 형식면에서 오페라는 대화 분량이 거의 없고 이야기 **전개**의 대부분이 노래로 표현됩니다. 이와 달리 뮤지컬은 전개의 많은 부분을 대화로 풀어가는 것이 특징이에요. 또 극 중 감정이 깊어지는 부분이 나올 때는 노래가 등장하죠.

　오페라 공연은 예나 지금이나 **정통** 성악가들이 중심이 되어 무대를 만들고 있어요. 하지만 뮤지컬의 경우는 조금 달라요. 2010년 아이돌 그룹 동방신기의 김준수는 뮤지컬 〈모차르트〉에서 주인공 역을 맡았습니다. 김준수가 출연한다는 소식이 알려지자 그의 많은 팬들이 공연장에 몰려들었지요. 평소 공연 때보다 훨씬 많은 관객들이 공연을 관람하러 오게 된 것이지요.

　이 일이 있은 후 뮤지컬계에 큰 변화가 생겼어요. 아이돌 가수뿐 아니라 인기 **로커**(Rocker)까지 **주연**으로 캐스팅하기 시작한 거죠. 뮤지컬 공연장을 찾는 사람들은 점점 늘어갔고, 뮤지컬 산업도 크게 발달하게 되었답니다.

- **종합 예술**: 분야가 다른 예술 요소를 모아 이루어지는 예술
- **음악극**: 노래나 악곡을 통해 표현되는 연극
- **공연**: 공개된 자리에서 연극이나 영화, 무용, 음악 따위를 상연함
- **전개**: 이야기나 사건의 내용이 진전되어 펼쳐짐
- **정통**: 어떤 분야에 대해 정확하고 깊이 있는 지식을 갖고 있음
- **로커**: 록 음악을 하는 사람
- **주연**: 연극이나 영화에서 주인공으로 출연하는 일

생각 씨앗

❶ 신문 기사를 소리 내어 읽었나요? ☐

❷ 기사의 제목을 적어 보세요.

----

❸ 기사에서 많이 나온 주요 단어는 무엇인가요?

ㅇ	ㅍ	ㄹ	,	ㅁ	ㅈ	ㅋ

생각 톡톡

❶ 뮤지컬은 20세기 경, 미국의 ☐☐☐☐☐ 에서 시작되었어요.

❷ 대화 분량이 적고 대부분을 노래로 표현하며 성악가가 중심이 되는 음악극을 이르는 말은 무엇인가요?

☐☐☐

❸ 오페라와 뮤지컬에 대한 설명으로 옳은 것은 무엇인가요? ( )

① 오페라는 음악극이지만 종합 예술은 아니다.
② 뮤지컬은 대사보다 노래로 이야기를 전개한다.
③ 오페라는 17세기 경 브로드웨이에서 시작되었다.
④ 뮤지컬은 아이돌이 주인공이 되면서 관객이 늘어났다.

생각 쑥쑥

오페라는 정통 성악가들이 공연을 해서 성량이 풍부하고 듣기가 좋아.

뮤지컬은 음악도 좋지만 특히 내가 좋아하는 아이돌 가수가 나와서 더 좋아.

음, 난 둘 다 좋은데 어쩌지?

생각 열매

- 누군가 여러분에게 오페라와 뮤지컬 티켓 중 하나를 선물로 주겠다고 한다면 어떤 티켓을 고를 건가요? 이유도 함께 적어 보세요.

어휘 쑥쑥

正 統 바를 정 / 거느릴 통
정통 어떤 분야에 정확한 지식이나 깊이가 있음
예) 파바로티는 노래에 정통한 사람이다.

主 演 주인 주 / 펼 연
주연 연극이나 영화에서 주인공으로 출연하는 일
예) 우리는 누구나 자기 인생의 주연이다.

音 樂 劇 소리 음 / 노래 악 / 연극 극
음악극 노래나 악곡을 통해 표현되는 연극
예) 오페라와 뮤지컬은 음악극이다.

생각 정리

오페라는 ☐☐ 성악가 중심이지만 뮤지컬은 가수나 로커들이 ☐☐ 을 맡기도 하는 ☐☐☐ 이다.

생각 놀이터

- 화성의 환경을 지구와 비슷하게 만드는 테라포밍 프로젝트가 성공했다고 가정하고, 여러분은 화성에서 어떤 활동을 하고 싶은가요? 활동에 필요한 물품에는 어떤 것들이 있을까요? 이에 대한 답을 적어 보고, 화성에 살고 있는 여러분의 모습을 그림으로 표현해 보세요.

화성에서 하고 싶은 일 (활동)	
필요한 물품	

- 화성에서의 하루 모습 그리기

NEWS 1호

6주차

6주차
주간 학습 계획표

회차	영역	신문 기사	학습 계획일
26	경제	홧김에 세운 회사, 넷플릭스	월 일
27	문화	마라탕 열풍과 건강의 관계	월 일
28	사회	메타버스 시대가 열리다	월 일
29	사회	우리를 더 즐겁게 만드는 저작권법	월 일
30	과학	제로 콜라와 일반 콜라의 차이	월 일

경제
26

홧김에 세운 회사, 넷플릭스
넷플릭스는 어떻게 거대한 기업이 됐을까?

회사를 세운다는 건 매우 어려운 일입니다. 아무리 철저하고 꼼꼼하게 준비한다고 해도 성공을 **장담**하기 어렵고요. 그런데 홧김에 세운 회사가 전 세계적으로 엄청난 성공을 거뒀다고 한다면 믿을 수 있나요? 여러분이 잘 알고 있는 OTT 회사 넷플릭스(Netflix)의 이야기입니다.

OTT(Over The Top) 서비스란 셋톱박스 없이도 인터넷이 되는 곳이면 어디든 영상을 시청할 수 있는 소비자 중심의 온라인 동영상 서비스를 말합니다. 1990년대만 해도 영화를 보려면 비디오 대여점에서 비디오테이프를 대여해서 보는 게 일반적이었지요. 당시 넷플릭스 **창업자**인 리드 헤이스팅스(Reed Hastings)는 영화 보는 것을 좋아해서 종종 비디오를 빌려와 보곤 했죠. 어느 날 헤이스팅스는 빌린 비디오테이프를 **반납**하는 것을 깜박했어요. 결과는 그의 상상을 뛰어넘었죠. 비디오테이프 가격보다 더 비싼 40달러(약 5만 원)의 연체료를 내야 했으니까요.

과도한 **연체료**에 화가 난 헤이스팅스는 홧김에 연체료가 없는 비디오 대여 사업을 구상하게 됩니다. 그리고 얼마 후 비디오보다 포장하기가 쉽고 배송에 편리한 DVD를 중심으로 대여 사업을 시작했지요. 이를 바탕으로 지금의 OTT 서비스를 주도하는 넷플릭스를 만들게 되었고요. 현재 넷플릭스는 온라인 스트리밍 서비스로, 영화와 애니메이션, TV프로그램 등 다양한 콘텐츠를 제공하는 세계적인 플랫폼으로 우뚝 섰습니다.

- **장담**: 어떤 사실에 대하여 확신을 가지고 자신 있게 말함
- **창업자**: 기업을 처음에 세우거나 시작한 사람
- **반납**: 빌리거나 받은 것을 도로 돌려줌
- **연체료**: 밀린 날짜에 따라 더 내는 돈

생각 씨앗

① 신문 기사를 소리 내어 읽었나요? ☐

② 기사의 제목을 적어 보세요.

_____

③ 기사에서 많이 나온 주요 단어는 무엇인가요?

| ㅂ | ㄷ | ㅇ | , | ㄴ | ㅍ | ㄹ | ㅅ |

생각 톡톡

① 1990년대엔 영화를 보려면 어디에서 비디오를 대여해서 보았나요?

☐ ☐ ☐ ☐ ☐ ☐

② 리드 헤이스팅스는 홧김에 ☐ ☐ ☐ 가 없는 비디오 대여 사업을 구상했다.

③ 넷플릭스에 대한 설명으로 옳지 않은 것은 무엇인가요? ( )

① 리드 헤이스팅스가 홧김에 세운 회사다.
② 처음에는 DVD 대여 사업을 중심으로 시작했다.
③ 영화를 너무 많이 보면 약간의 연체료가 발생한다.
④ 인터넷이 되는 곳이면 휴대 전화로도 영화를 볼 수 있다.

생각 쑥쑥

리드 헤이스팅스는 정말 대단해! 화가 날 때 든 생각으로 넷플릭스 같은 엄청난 회사를 만들었으니 말이야.

맞아, 연체료 없이 일정한 돈만 지불하면 영화를 볼 수 있으니 많은 사람들이 넷플릭스 같은 OTT 서비스로 몰리는 것 같아.

우리가 사용하는 휴대전화 요금도 비슷한 원리야. 사용량에 따라 요금을 내는 요금제도 있지만 일정 요금을 지불하면 무제한으로 사용 가능한 요금제도 있으니까.

생각 열매

- 만약 여러분이 회사를 세운다면 어떤 회사를 세우고 싶나요? 리드 헤이스팅스처럼 평소 불편했거나 화가 났던 일을 떠올려 보는 것도 좋아요.

어휘 쑥쑥

返納 돌아올 반 / 들일 납
반납 빌리거나 받은 것을 도로 돌려줌
예) 나는 도서관에 책을 반납했다.

延滯料 끌 연 / 막힐 체 / 헤아릴 료
연체료 밀린 날짜에 따라 더 내는 돈
예) 책을 늦게 반납해서 연체료를 냈다.

創業者 비롯할 창 / 일 업 / 놈 자
창업자 기업을 처음에 세우거나 시작한 사람
예) 요즘은 청년 창업자들이 늘고 있다.

생각 정리

리드 헤이스팅스는 비디오테이프 ☐☐ 이 늦어 ☐☐☐ 를 낸 덕에 넷플릭스의 ☐☐☐ 가 되었다.

문화 27

마라탕 열풍과 건강의 관계
맵고 짠 음식으로부터 건강을 지키는 방법

월 일

　2020년 전후로 초·중·고등학생들 사이에 마라탕이 큰 인기를 끌고 있습니다. 그 덕에 전국 각지에 마라탕을 **전문**으로 파는 식당들도 **우후죽순** 생겨났죠. 이런 인기에 발맞추어 마라탕을 간편하게 먹을 수 있는 컵누들과 편의점 도시락도 출시되었어요.

　마라탕은 중국 쓰촨성에서 시작된 음식이에요. 고기 육수에 초피와 팔각, 정향, 회향 등 우리에겐 다소 생소한 매운 **향신료**들과 고추기름 등을 넣어 맛을 내지요. 여기에 개인의 취향에 맞춰 고기나 채소, 당면, 어묵, 두부 등 좋아하는 재료를 넣어 먹습니다.

　마라탕의 매운맛은 자극적이고 **중독성**이 매우 강합니다. 덕분에 그 맛에 한 번 빠지면 쉽게 헤어 나오기 어렵죠. 하지만 이렇게 맵고 짠 음식의 더 큰 문제점은 위와 장에 좋지 않다는 데 있습니다. 평균적으로 마라탕 1인분에 들어 있는 나트륨 **함량**은 2,500mg이에요. 마라탕 한 끼를 통해 섭취하는 나트륨 양이 세계보건기구(WHO)가 권장한 일일 나트륨 권장량인 2,000mg보다 많은 거죠.

　맵고 짠 마라탕을 건강하게 먹으려면 나트륨 함량이 높은 국물을 가급적 적게 먹는 편이 좋습니다. 위벽을 보호하고 나트륨을 **체외**로 **배출**하는 데 효과적인 청경채나 시금치 같은 녹색 채소를 넉넉히 먹는 것도 방법이에요. 하지만 가장 중요한 것은 마라탕처럼 맵고 짠 음식을 자주 먹지 않는 것이랍니다.

- **전문**: 한 분야에 대해 깊이 있는 지식과 경험을 가짐
- **우후죽순**: 어떤 일이 한때에 많이 생겨남을 비유적으로 이르는 말
- **향신료**: 음식물에 향기롭거나 매운맛을 더하는 조미료
- **중독성**: 그것 없이 생활을 하지 못하도록 하는 성질
- **함량**: 한 물질에 다른 성분이 들어 있는 분량
- **체외**: 몸의 바깥
- **배출**: 불필요한 것을 안에서 밖으로 내보냄

생각 씨앗

❶ 신문 기사를 소리 내어 읽었나요? ☐

❷ 기사의 부제목을 적어 보세요.

_____

❸ 기사에서 많이 나온 주요 단어는 무엇인가요?

ㅁ ㄹ ㅌ
☐ ☐ ☐

생각 톡톡

❶ 마라탕은 중국 ☐☐☐ 에서 시작되었어요.

❷ 마라탕 1인분에 들어 있는 평균 나트륨 함량은 얼마 인가요?

☐,☐☐☐ mg

❸ 마라탕의 특징으로 맞지 않는 것은 무엇인가요? ( )

① 매운맛이 자극적이어서 중독성이 강하다.
② 2020년 전후로 초등학생에게 많은 인기를 끌고 있다.
③ 맵고 짜기 때문에 자주 먹으면 위와 장에 좋지 않다.
④ 나트륨을 체외로 배출해 주는 돼지고기를 잔뜩 넣어 먹으면 좋다.

생각 쑥쑥

요즘 마라탕이 정말 인기인가봐. 우리 반에서 마라탕을 먹어 보지 않은 사람이 나 밖에 없더라고.

정말 마라탕을 안 먹어 봤어? 나는 적어도 일주일에 한 번은 먹으러 가는데.

아무리 맛있어도 마라탕처럼 맵고 짠 음식을 그렇게 자주 먹으면 위와 장에 좋지 않아.

생각 열매

- 건강에는 좋지 않지만 맛있는 음식과 건강에 좋지만 맛없는 음식이 있다면 여러분은 어떤 음식을 선택할 건가요? 선택과 함께 이유를 적어 보세요.

어휘 쑥쑥

含 量
머금을 **함** 헤아릴 **량(양)**

함량 한 물질에 다른 성분이 들어 있는 분량

예 커피는 카페인 함량이 높다.

體 外
몸 **체** 바깥 **외**

체외 몸의 바깥

예 식이섬유가 풍부한 녹색 채소는 나트륨을 체외로 내보낸다.

排 出
밀칠 **배** 나갈 **출**

배출 불필요한 것을 안에서 밖으로 내보냄

예 오염수를 몰래 배출한 업체가 발각되었다.

생각 정리

마라탕은 나트륨 ☐☐ 이 높기 때문에 나트륨을 ☐☐ 로 ☐☐ 해 주는 녹색 채소와 함께 먹는 것이 좋다.

사회

28

메타버스 시대가 열리다
로블록스로 이해하는 메타버스, 그리고 학교

월   일

로블록스는 이용자가 자신만의 가상 세계를 만들고 본인은 물론 다른 이용자와도 같은 공간에서 함께 플레이할 수 있는 게임 **플랫폼**입니다. 코로나 팬데믹을 겪으며 인기가 치솟아 2023년 기준 하루 **이용자** 7천만 명이 넘는 매우 인기 높은 게임이 되었죠. 게다가 로블록스 이용자의 절반이 13세 **미만**의 초등학생이라고 합니다.

로블록스는 최근 메타버스(Metaverse)를 대표하는 플랫폼으로 떠오르고 있어요. 메타버스는 **가상현실**, **증강현실**, 인터넷, **사물인터넷** 등과 같은 다양한 디지털 기술을 이용해 만든 가상 세계를 의미해요. 예를 들면 어떤 이용자가 로블록스 플랫폼 내에 초등학교를 만들고 사람들이 그 초등학교에 다니도록 한다거나 뮤지컬 공연장을 만들어 이용자들이 공연을 하거나 관람을 할 수 있도록 하는 것이죠.

앞으로 메타버스는 교육 분야에도 큰 변화를 가져올 것으로 **예견**되고 있습니다. 코로나 팬데믹과 같은 일이 두 번 다시 일어나지 않아야겠지만 만일 비슷한 상황이 발생한다 해도 학교에 가기 어려운 일이 벌어졌을 때 선생님과 학생들이 가상 교실에서 만나 자유롭게 이야기하며 수업에 참여할 수 있을 거예요.

- **플랫폼**: 평평한 모체 또는 어떤 것의 기반
- **이용자**: 물건이나 시설, 서비스 따위를 이용하는 사람
- **미만**: 정한 수효나 정도에 이르지 못함
- **가상현실**: 실제와 비슷하게 만든 현실
- **증강현실**: 현실 세계에 가상의 정보를 덧씌우는 것
- **사물인터넷**: 사물에 통신 기능을 달아 인터넷을 통해 서로 통신하는 것
- **예견**: 앞으로 다가올 일을 미리 내다보는 것

생각 씨앗

❶ 신문 기사를 소리 내어 읽었나요? ☐

❷ 기사의 제목을 적어 보세요.

---

❸ 기사에서 많이 나온 주요 단어는 무엇인가요?

ㄹ	ㅂ	ㄹ	ㅅ		ㅁ	ㅌ	ㅂ	ㅅ
				,				

생각 톡톡

❶ 로블록스는 ☐☐☐☐를 대표하는 플랫폼이에요.

❷ 메타버스에 관한 설명으로 옳지 <u>않은</u> 것은 무엇인가요? (   )
① 다양한 디지털 기술을 이용해서 만든 가상 세계다.
② 메타버스는 교육 분야에 큰 변화를 가져올 것으로 보인다.
③ 선생님과 학생들이 가상의 교실에서 수업을 할 수 있도록 해준다.
④ 메타버스로 구현한 교실에서 학생들은 자유롭게 이야기할 수 없다.

생각 쑥쑥

학교에 가기 어려운 학생들이 로블록스 같은 플랫폼으로 구현한 가상현실에서 공부하면 좋을 것 같아.

메타버스가 더 발달하면 다른 지역이나 다른 나라에 있는 친구들과도 가상현실에서 함께 공부할 수 있겠어.

그래도 난 친구들 얼굴을 직접 보고 만나서 하는 수업이 더 좋아. 몸으로 부딪치면서 노는 게 더 재미있거든.

생각 열매

- 메타버스로 구현한 가상공간에서 수업을 받는다고 가정했을 때 장점은 무엇이고 단점은 무엇일지 적어 보세요.

어휘 쏙쏙

假想現實 거짓 가 · 생각 상 · 나타날 현 · 열매 실

가상현실 실제와 비슷하게 만든 현실

예) 가상현실을 이용한 게임은 매우 흥미롭다.

增強現實 더할 증 · 강할 강 · 나타날 현 · 열매 실

증강현실 현실 세계에 가상의 정보를 덧씌우는 것

예) 증강현실 기술은 앞으로 더욱 발전할 것이다.

利用者 이로울 이 · 쓸 용 · 놈 자

이용자 물건이나 시설, 서비스 등을 이용하는 사람

예) 그 게임의 이용자가 크게 늘어났다.

생각 정리

☐☐☐☐ 과 ☐☐☐☐ 기술로 ☐☐☐ 에게 가상 세계를 경험하게 하는 메타버스 시대가 열렸다.

> 사회
> **29**

우리를 더 즐겁게 만드는 저작권법
창작자의 권리를 보호해야 하는 까닭

월   일

　책을 쓰거나 음악을 만드는 일처럼 무언가를 새롭게 창작하는 것은 쉽지 않은 일입니다. 저작권에 관한 법률이 없었던 시절에는 **창작자**의 의도와 상관없이 책이나 음악 등을 마구 **복사**하거나 **무분별하게 공유**하는 일이 있곤 했지요. 하지만 저작권법이 생긴 지금은 그런 행동을 하면 벌금을 내야 합니다.

　이처럼 저작권법은 창작자를 보호하기 위해 만든 법이에요. 저작권은 창작자가 창작물을 자신 외 다른 사람이 이용하는 것을 허락하고 **대가**를 받을 수 있는 권리를 말해요. 책이나 음악을 만든 사람이 창작물에 대한 권리를 갖고 지속적으로 창작을 해나가기 위해서는 저작권법이 필수입니다. 만일 무분별한 복사나 공유가 허용된다면 창작자들은 창작 활동을 이어나가기가 매우 어려울 거예요. 창작물로 인한 수입이 줄어들거나 없어진다면 창작자는 창작을 통해 **생계**를 유지할 수 없기 때문이죠.

　저작권법은 창작자의 권리만을 담은 법이 아닙니다. 저작재산권은 창작자가 사망한 지 70년이 지나면 보호 기간이 **만료**되어 누구나 사용할 수 있어요. 영화나 방송 같은 영상물의 경우에는 보호 기간이 창작자의 사망과 관계없이 **공표** 후 70년간이랍니다.

- **창작자**: 작품을 독창적으로 새롭게 만든 사람
- **복사**: 원래의 것과 똑같이 만드는 것
- **무분별하다**: 사리에 맞게 판단하거나 구별하는 능력이 없다.
- **공유**: 두 사람 이상이 한 물건을 공동으로 가짐
- **대가**: 어떤 일에 들인 노력이나 희생에 대해 받는 값
- **생계**: 먹고 살아갈 방법이나 형편
- **만료**: 정해진 기간이 다 차서 끝남
- **공표**: 여러 사람들에게 공개하여 널리 알도록 하는 것

생각 씨앗

① 신문 기사를 소리 내어 읽었나요? ☐

② 기사의 제목을 적어 보세요.

....

③ 기사에서 많이 나온 주요 단어는 무엇인가요?

ㅈ　ㅈ　ㄱ
☐　☐　☐

생각 톡톡

① 저작권법은 누구를 보호하기 위해 만든 법인가요?

☐ ☐ ☐

② 저작권이 보호되지 못하면 창작자는 창작을 통해 ☐ ☐ 를 유지할 수 없어요.

③ 창작자가 생계를 유지하지 못하게 되면 어떤 일이 벌어질까요?

....

....

....

생각 쑥쑥

창작물을 무분별하게 복사하거나 공유하게 되면 어떤 일이 벌어질까? 저작권을 보호받지 못하니 창작자가 피해를 입겠지?

창작자가 저작권을 통해 수입을 얻지 못하면 더 이상 창작 활동에 시간을 들이기 어려울 거야. 대가 없이 소중한 시간을 사용하는 건 쉽지 않은 일이니까.

창작자가 창작 활동을 하지 않게 되면 우린 다양하고 재미있는 책을 볼 수 없게 될지도 몰라. 음악도 마찬가지고.

생각 열매

- 저작권이 법으로 보호되지 않으면 사람들이 어떤 피해를 보게 될까요?

어휘 쑥쑥

創作者 비롯할 창 · 지을 작 · 놈 자
창작자 — 작품을 독창적으로 새롭게 만든 사람
예) 창작자의 권리는 보호받아야 한다.

複寫 겹칠 복 · 베낄 사
복사 — 원래의 것과 똑같이 만드는 것
예) 무분별한 복사는 창작을 방해한다.

共有 함께 공 · 있을 유
공유 — 두 사람 이상이 한 물건을 공동으로 가짐
예) 소중한 친구와 비밀을 공유했다.

생각 정리

☐☐☐ 가 계속해서 창작 활동을 이어가려면 무분별한 ☐☐ 나 ☐☐ 는 하지 말아야 한다.

과학 30

제로 콜라와 일반 콜라의 차이
무설탕이면 안전한 걸까?

콜라는 미국의 한 약사가 **강장제**를 만들려다 우연히 만든 음료입니다. 매력적인 맛으로 인기가 많지만 그만큼 주의가 필요하기도 하지요.

콜라를 많이 마시면 **충치**가 생기기 쉽습니다. 콜라 속에 들어 있는 탄산이 치아 표면의 **법랑질**을 녹이고, 설탕이 충치 균의 좋은 먹이가 되기 때문이에요. 이처럼 콜라는 입 안에 충치 균이 살기 좋은 환경을 만듭니다. 또 콜라를 많이 마시면 다양한 질병에 **노출**될 수 있습니다. 콜라에 들어 있는 설탕은 비만과 당뇨, 이로 인한 심근경색의 위험을 가지고 있거든요. 이런 위험을 보완하기 위해 등장한 것이 바로 설탕이 들어가지 않은 제로 콜라입니다. 그렇다면 제로 콜라는 위의 문제들로부터 안전할까요?

콜라를 마실 때 사람들은 대부분 당분을 포함한 음식을 함께 먹습니다. 이런 탓에 충치로부터 자유로울 수 없죠. 제로 콜라는 설탕이 들어 있지 않기 때문에 다이어트나 **혈당** 관리에는 도움이 됩니다. 하지만 설탕 대신 단맛을 내기 위해 들어가는 아스파탐 역시 마음 놓고 먹을 수 있는 물질은 아니에요. 아스파탐은 단맛이 설탕의 200배에 달하는 **합성 감미료**로 세계보건기구와 국제암연구소에서 지정한 **발암** 가능 물질이거든요.

- **강장제**: 영양 상태를 돕는 약제
- **충치**: 이의 단단한 부분이 침식되는 질환
- **법랑질**: 이의 겉을 덮어 싸서 보호하는 한 겹의 단단한 물질
- **노출**: 눈으로 보거나 알 수 있도록 드러남
- **혈당**: 핏속에 포함된 포도당
- **합성**: 둘 이상의 것을 합하여 하나가 되도록 함
- **감미료**: 단맛을 내는 데 쓰는 재료를 통틀어 이르는 말
- **발암**: 암이 생김

생각 씨앗

❶ 신문 기사를 소리 내어 읽었나요? ☐

❷ 기사의 제목을 적어 보세요.

----

❸ 기사에서 많이 나온 주요 단어는 무엇인가요?

ㅈ ㄹ
☐ ☐ 콜라

생각 톡톡

❶ 콜라는 ☐☐☐를 만들려다 우연히 만든 음료입니다.

❷ 콜라를 많이 마시면 어떤 질병에 노출되나요?

☐☐, ☐☐, ☐☐경색

❸ 제로 콜라에 대한 설명으로 옳지 않은 것은 무엇인가요? (   )

① 충치로부터 안전하다.
② 다이어트나 혈당 관리에 도움이 된다.
③ 설탕 대신 단맛을 내는 아스파탐이 들어 있다.
④ 발암 가능 물질이 들어 있어 암에 걸릴 확률이 높아진다.

생각 쑥쑥

콜라는 뭐니 뭐니 해도 설탕이 들어 있는 일반 콜라가 가장 맛있어.

그래도 설탕이 들어 있지 않은 제로 콜라를 먹는 게 어때? 제로 콜라도 맛 차이가 거의 없는 것 같던데?

난 콜라를 마실 바에는 물을 마실래! 설탕이 든 콜라는 비만과 당뇨에 걸릴 수 있고, 제로 콜라는 암에 걸릴 수 있으니까.

생각 열매

- 제로 콜라와 일반 콜라, 물 중 무엇을 가장 마시고 싶은가요? 이유와 함께 의견을 적어 보세요.

어휘 쑥쑥

血 糖 피혈 사탕당
혈당 핏속에 포함되어 있는 포도당
예 당뇨병 환자는 혈당 조절이 중요하다.

蟲 齒 벌레충 이치
충치 이의 단단한 부분이 침식되는 질환
예 이를 제때 닦지 않으면 충치가 생긴다.

發 癌 필발 암암
발암 암이 생김
예 발암 물질에 대한 주의가 필요하다.

생각 정리

제로 콜라는 설탕 대신 아스파탐이 들어 있어
☐☐ 관리에는 도움이 되지만 ☐☐ 가 생기거나
☐☐ 가능성이 있어요.

생각 놀이터

- 다음 사자성어의 의미를 알아보고 보기처럼 문장을 지어 보세요.

❶ 우후죽순 雨後竹筍

'비가 온 뒤 여기저기 돋아나는 대나무 새싹'이라는 뜻으로, 어떤 일이 한때에 많이 생기는 것을 비유적으로 이르는 말

보기

마라탕의 인기가 높아지자 전국적으로 우후죽순 마라탕 전문점이 생겨났다.

---

❷ 다다익선 多多益善

'많으면 많을수록 더욱 좋다'는 의미를 가진 말

보기

지식을 얻기 위해 독서는 다다익선이다.

NEWS 1호

7주차

7주차
주간 학습 계획표

회차	영역	신문 기사	학습 계획일
31	환경	환경을 위협하는 생태계 교란종	월 일
32	과학	드론으로 축구를 한다고?	월 일
33	사회	식품에 GMO 표기를 해주세요	월 일
34	경제	최저 임금, 얼마나 올려야 하나?	월 일
35	사회	노예 해방과 신 노예 제도, 그리고 갑질	월 일

환경 31

환경을 위협하는 생태계 교란종
황소개구리부터 갈색송어까지, 우리는 억울해요

　우리나라 **토종** 동식물이 살아가는 **터전** 또는 **생태계**를 위협할 우려가 있는 동식물을 생태계 교란종이라고 합니다. 생태계 교란종으로 지정되면 **포획**이 자유로워져요. 하지만 잡은 생태계 교란종을 산 채로 옮길 수는 없습니다.

　생태계 교란종의 대표적인 동물은 황소개구리예요. 1973년 **식용**을 목적으로 일본에서 들여왔지만 장사가 잘되지 않자 사람들은 황소개구리를 야생에 버렸어요. 번식력이 좋은 황소개구리들은 엄청난 속도로 개체수를 늘리며 토종 생태계를 **위협**했죠. 이에 환경부는 1998년 황소개구리를 생태계 교란종으로 지정했어요. 그 후 큰입배스와 뉴트리아, 꽃매미, 가시상추 같은 다양한 동식물이 생태계 교란종으로 지정되었어요. 2021년에는 브라운송어라고도 불리는 갈색송어가 생태계 교란종으로 지정되었어요. 대형 어종인 데다 포식성이 뛰어나 토종 가시고기나 열목어 같은 멸종 위기 생물들에게 치명적이었기 때문이죠. 갈색송어는 무지개송어와 더불어 세계자연보전연맹이 선정한 세계 100대 악성 침입 외래종이기도 해요. 하지만 환경부는 갈색송어만 생태계 교란종으로 지정하고 무지개송어는 지정하지 않았어요. 역설적이게도 산천어 축제에 사용되는 송어 대부분이 무지개송어라고 하네요. 갈색송어를 비롯해 생태계 교란종으로 지정된 동식물들 입장에선 억울할 수도 있겠네요. 자기들의 **의사**와 상관없이 사람들의 의해 머나먼 나라로 왔는데 생태계 교란종으로 불리며 괴물 **취급**을 받고 있으니까요.

- **토종**: 본디 그 지역에서 나거나 자라는 동물이나 식물
- **터전**: 생활의 근거지가 되는 곳
- **생태계**: 생물이 태어나고 자라며 살아가는 데 필요한 생물군과 환경
- **포획**: 짐승이나 물고기를 잡음
- **식용**: 먹을 것으로 씀
- **위협**: 힘으로 으르고 협박함
- **의사**: 무엇을 하고자 하는 생각
- **취급**: 여기거나 그에 맞는 태도로 다루는 것

생각 씨앗

❶ 신문 기사를 소리 내어 읽었나요? ☐

❷ 기사의 제목을 적어 보세요.

----

❸ 기사에서 많이 나온 주요 단어는 무엇인가요?

ㅅ	ㅌ	ㄱ	ㄱ	ㄹ	ㅈ

생각 톡톡

❶ 대표적 생태계 교란종인 황소개구리는 언제 어디서 어떤 목적으로 들여왔나요?

☐☐☐☐ 년 ☐☐ 에서 ☐☐ 을 목적으로 들여왔다.

❷ 황소개구리 외에 생태계 교란종으로 지정된 동식물을 2가지 이상 적어 보세요.

❸ 생태계 교란종에 관한 설명으로 옳은 것은 무엇인가요? (   )

① 생태계 교란종으로 지정되면 누구나 포획할 수 있다.
② 황소개구리는 1973년 생태계 교란종으로 지정되었다.
③ 환경부는 갈색송어와 무지개송어를 생태계 교란종으로 지정했다.
④ 산천어 축제에 사용되는 송어 대부분이 갈색송어다.

생각 쑥쑥

황소개구리를 비롯해 큰입배스, 뉴트리아, 꽃매미, 가시상추, 갈색송어까지 생태계 교란종이 이렇게 많은 줄 몰랐네.

맞아, 종류도 적지 않지만 생태계 교란종 대부분은 우리나라 사람들이 필요해서 다른 나라로부터 들여온 거래.

다른 나라에서 동식물을 들여올 때 나중에 어떻게 처리해야 할지 철저한 준비가 필요해! 생태계 교란종들 입장에서 생각하면 억울할 것 같아.

생각 열매

- 생태계를 교란시킬 수 있는 동식물을 해외에서 수입해야 할까요? 아니면 하지 말아야 할까요? 여러분의 생각을 이유와 함께 적어 보세요.

어휘 쑥쑥

意思 뜻 의 / 생각 사
의사 무엇을 하고자 하는 생각
예) 친구의 의사를 모르면 오해하기 쉽다.

捕獲 잡을 포 / 얻을 획
포획 짐승이나 물고기를 잡음
예) 동물을 함부로 포획하면 안 된다.

取扱 가질 취 / 거두어 가질 급
취급 여기거나 그에 맞는 태도로 다루는 것
예) 축구 경기 중에 형이 나를 풋내기 취급했다.

생각 정리

생태계 교란종은 자기들 [ ][ ]와 상관없이 [ ][ ] 되거나 괴물 [ ][ ]을 받고 있다.

과학 32

드론으로 축구를 한다고?

신개념 레저 스포츠, 드론 축구

 월   일

전파를 이용해 **원격** 조종하는 **무인** 항공기 드론(Drone)은 처음에 군사적인 목적으로 개발되었습니다. 시작은 전쟁에 이용하기 위해서였지만 지금은 일반 생활에서도 드론을 많이 활용하고 있지요. 특히 영화나 드라마 촬영에서 이제 드론은 뺄 수 없는 존재가 되었습니다. 물건을 배달하거나 낚시를 할 때도 드론을 사용하고 있고요.

2016년 전주시와 캠틱종합기술은 드론과 축구를 **접목**한 **신개념** 레저 스포츠인 드론 축구를 세계 최초로 **개발**했어요. 드론 축구는 이미 전 세계 20개국 이상에 퍼져 있고, 또 빠르게 퍼져나가고 있어요. 2024년 1월 미국 라스베이거스 베네치안 엑스포에서는 1만 명이 넘는 관객이 지켜보는 가운데 드론 축구 대회가 열리기도 했습니다. 2025년에는 세계 드론 축구 월드컵이 열리는데, 상금이 무려 100만 달러(한화 약 13억 원)라고 합니다.

드론 축구의 **규칙**은 일반 축구와 비슷해요. 도넛을 닮은 상대방의 골대에 골잡이 드론을 통과시키면 1점을 얻는 거죠. 축구가 전후반 각각 45분씩 총 90분에 걸쳐 진행된다면 드론 축구는 세트당 3분씩 총 3세트로 진행됩니다. 이 중 2세트를 먼저 이긴 팀이 승리하지요.

드론 축구 선수는 모두 다섯 명으로 구성돼요. 일반 축구와 달리 드론 축구는 유일하게 골을 넣을 수 있는 골잡이가 한 명 있고, 골잡이를 돕거나 수비를 하는 길잡이와 길막이 네 명으로 한 팀당 다섯 명의 조종사가 출전해요.

- **원격**: 공간적으로 멀리 떨어져 있음
- **무인**: 사람이 없음
- **접목**: 두 가지 이상의 다른 것을 알맞게 조화시킴
- **신개념**: 전과 다른 새로운 지식이나 관념
- **개발**: 연구하여 새로운 것을 만들어냄
- **규칙**: 모두가 지키기로 약속한 법칙

생각 씨앗

❶ 신문 기사를 소리 내어 읽었나요? ☐

❷ 기사의 부제목을 적어 보세요.

....

❸ 기사에서 많이 나온 주요 단어는 무엇인가요?

ㄷ ㄹ ㅊ ㄱ
☐ ☐ ☐ ☐

생각 톡톡

❶ 드론은 처음에 ☐☐ 적인 목적으로 개발되었어요.

❷ 드론 축구를 세계 최초로 개발한 해는 언제인가요?

☐☐☐☐ 년

❸ 드론 축구에 대한 설명으로 옳지 않은 것은 무엇인가요? ( )

　① 전주시와 캠틱종합기술이 함께 개발했다.
　② 세계적으로 20개 나라 이상 퍼져 있다.
　③ 드론 축구는 일반 축구처럼 전반과 후반으로 나뉜다.
　④ 드론 축구에서는 오직 골잡이만 골을 넣을 수 있다.

생각 쑥쑥

처음엔 전쟁용으로 개발됐지만 드론은 정말 다양한 곳에 사용되는 것 같아. 특히 드론으로 축구를 한다는 생각을 한 건 정말 놀라워.

맞아, 일반 축구는 남자와 여자의 운동 기능 차이 때문에 따로 해야 하지만 드론 축구는 남녀 구분 없이 즐길 수 있잖아.

나도 드론 축구 선수가 되고 싶어. 앞으로 드론을 활용한 다양한 직업들이 생긴다고 하던데 스포츠를 즐기면서 미래도 대비할 수 있다니 일거양득이야.

생각 열매

- 드론 축구 외에 드론으로 할 수 있는 다른 스포츠는 어떤 것이 있을까요? 상상력을 동원해서 드론 스포츠를 개발해 보세요.

스포츠 이름

경기 방법

어휘 쑥쑥

接 木
접붙일 **접** · 나무 **목**

접목 두 가지 이상의 다른 것을 알맞게 조화시킴

예) 그 작곡가는 국악과 가요를 접목시켰다.

開 發
열 **개** · 필 **발**

개발 연구하여 새로운 것을 만들어냄

예) 그는 회사에서 신기술을 개발하고 있다.

新 槪 念
새 **신** · 평미레 **개** · 생각 **념**

신개념 전과 다른 새로운 지식이나 관념

예) 제약 회사는 신개념 치료제 개발에 힘쓰고 있다.

* 평미레: 말이나 되에 곡식을 담아 그 위를 평평하게 밀어 정확한 양을 재는 데 쓰는 방망이 모양의 기구

생각 정리

드론 축구는 드론과 축구를 ☐☐ 해 ☐☐ 한 ☐☐☐ 레저 스포츠다.

사회

33

식품에 GMO 표기를 해주세요
국민의 건강과 알 권리를 위한 GMO 완전 표시제

　GMO(Genetically Modified Organism)는 어떤 농수산물이 가진 **본연**의 유전자를 **인위적**으로 **조작** 혹은 **결합**해서 만든 유전자 조작물을 의미합니다. GMO 지지자들은 GMO가 **병충해**에 강하고 영양이 풍부해 미래 식량 문제에 도움이 된다고 강조합니다. 반면 반대자들은 유전자를 조작해 만든 농산물이 몸속에서 어떤 문제를 일으킬지 알 수 없다는 위험을 주장하죠.

　프랑스의 세라리니 연구팀이 흰 쥐 200마리를 가지고 2년에 걸쳐 GMO의 유해성 연구를 진행했습니다. 실험 결과 GMO 옥수수를 먹인 흰 쥐는 그렇지 않은 흰 쥐에 비해 암 **발생률**이 2~3배 높다는 결과가 나왔습니다.

　GMO의 유해성이 알려지자 유럽과 중국은 GMO 원료를 사용하는 모든 식품에 의무적으로 GMO 표시를 하는 'GMO 완전 표시제'를 시행했습니다. 반면 해마다 1,000만 톤가량의 GMO를 수입하는 우리나라는 아직 이 법을 시행하고 있지 않지요. 이로 인한 소비자와 농민들의 불만은 점점 커져 가고 있습니다.

　GMO 완전 표시제가 시행되면 소비자는 식품에 들어 있는 GMO 성분의 유무를 확인하고 물건을 살 수 있습니다. 농민 역시 GMO가 없는 농산물을 제값에 팔 수 있어 경제적으로 이득을 얻게 되죠. 하지만 GMO를 **가공**해 식품을 만들어온 회사들은 입장이 달라요. GMO 식품의 매출이 줄어 손해를 볼 수도 있거든요.

- **본연**: 본디부터 그러함
- **인위적**: 사람의 힘으로 이루어지는 것
- **조작**: 기계나 기구 따위를 일정한 방식에 따라 다루어 움직임
- **결합**: 두 대상이 관계를 맺어 뭉치거나 합침
- **병충해**: 농작물 등 식물이 병균이나 벌레에 의하여 입는 해
- **발생률**: 어떤 대상이나 현상이 생겨나거나 나타나는 비율
- **가공**: 천연의 것이나 완성되지 않은 것에 사람의 힘을 더함

생각 씨앗

① 신문 기사를 소리 내어 읽었나요? ☐

② 기사의 부제목을 적어 보세요.

----

③ 기사에서 많이 나온 주요 단어는 무엇인가요?

G ☐ ☐

생각 톡톡

① 우리나라는 해마다 얼마만큼의 GMO를 수입하고 있나요?

☐ , ☐ ☐ ☐ 만 톤

② GMO 식물의 장점은 ☐ ☐ ☐ 에 강하고 ☐ ☐ 이 풍부하다는 점이에요.

③ GMO 식물의 단점은 ☐ 발생의 위험이 있고, 몸속에서 어떤 ☐ ☐ 를 일으킬지 모른다는 점이에요.

④ 농민과 소비자들이 원하는 것은 무엇인가요?

☐ ☐ ☐ ☐ ☐ ☐ ☐

• 생각 쑥쑥

농민과 소비자의 입장을 생각하면 하루라도 빨리 GMO 완전 표시제를 시행해야 할 것 같아.

난 조금 걱정돼. GMO 완전 표시제가 시행되어 사람들이 그 식품을 사지 않으면 회사들이 문을 닫을 수도 있잖아. 그러면 경쟁이 줄어들어 싸고 좋은 식품을 찾기 힘들지도 몰라.

일리 있는 말이야. 하지만 식품 가격이 조금 오르더라도 GMO가 들어 있는지 아닌지 몰라서 불안한 마음으로 식품을 구매하는 건 아닌 것 같아. 게다가 우리나라 농민들의 피해도 두고 볼 수는 없잖아.

• 생각 열매

- GMO 완전 표시제를 해야 할까요? 아니면 하지 말아야 할까요? 여러분의 생각을 이유와 함께 적어 보세요.

어휘 쑥쑥

本 然 근본 본 / 그럴 연

본연
본디부터 그러함

예) 과일 주스는 과일이 가진 본연의 식감이 없다.

操 作 잡을 조 / 지을 작

조작
기계나 기구 따위를 일정한 방식에 따라 다루어 움직임

예) 새로운 기계를 능숙하게 조작하는 것은 어렵다.

結 合 맺을 결 / 합할 합

결합
두 대상이 관계를 맺어 뭉치거나 합침

예) 단어들을 결합하면 새로운 단어가 만들어지기도 한다.

생각 정리

식물 ☐☐ 의 유전자를 ☐☐ 하거나 ☐☐ 해서 만든 GMO의 완전 표시에 대한 찬반이 대립 중이다.

경제 34

최저 임금, 얼마나 올려야 하나?
최저 임금에 대한 두 가지 견해

월   일

직장에서 노동자가 일하고 받는 돈을 **임금**이라고 해요. 그렇다면 임금은 누가 어떻게 결정할까요?

일하고 싶은 사람은 많은데 일할 수 있는 자리가 적다면 임금은 낮아집니다. 일하고 싶어 하는 사람이 많으니 회사는 많은 돈을 지불할 필요가 없는 거지요. 반대로 일할 자리는 넘치는데 일할 사람은 부족하면 임금은 올라갑니다. 회사가 더 많은 돈을 지불해야 노동자를 구할 수 있기 때문이지요.

우리 사회는 임금과 관련한 여러 문제를 안고 있어요. 적당한 임금을 받지 못하면 생활이 불가능해지다 보니 노동자들은 임금 인상을 요구하고, 반대로 회사들은 **경영**을 위해 임금을 **삭감**하거나 직원을 **해고**하기도 하지요.

이런 문제를 해결하기 위해 국가가 개입한 것이 바로 '최저 임금 제도'입니다. 최저 임금은 노동자가 일하고 받을 수 있는 최소한의 금액을 말해요. 회사에서 노동자에게 임금을 줄 때 적어도 이 금액보다는 많이 줘야 한다고 법으로 보장해 주는 거죠. 또 최저 임금은 회의를 통해 결정해요. 2024년 최저 임금 위원회에서는 최저 임금을 시간당 9,860원으로 정했는데, 이에 대해 회사 측은 최저 임금이 너무 높아 경영이 어렵다 했고, 노동자 측은 최저 임금이 낮아 생활이 힘들다 했어요. 참고로 우리나라와 달리 벨기에나 룩셈부르크, 몰타 같은 유럽의 많은 나라들은 최저 임금을 **물가**가 오르고 내리는 **비율**로 정하기 때문에 이런 **논쟁**이 없답니다.

- **임금**: 노동자가 일하고 받는 돈
- **경영**: 사업이나 기업 등을 계획적으로 관리하고 운영함
- **삭감**: 깎아서 줄임
- **해고**: 직원을 직장이나 일터에서 내보냄
- **물가**: 돈을 주고 살 수 있는 물건이나 서비스의 값
- **비율**: 비교하여 서로 몇 배인지 수치로 나타낸 것
- **논쟁**: 서로 의견이 다른 사람이 옳고 그름을 따짐

생각 씨앗

❶ 신문 기사를 소리 내어 읽었나요? ☐

❷ 기사의 제목을 적어 보세요.

----

❸ 기사에서 많이 나온 주요 단어는 무엇인가요?

ㅊ	ㅈ	ㅇ	ㄱ

생각 톡톡

❶ 일할 자리가 늘어나고 일할 사람이 줄어들면 임금은 어떻게 될까요? 알맞은 말에 동그라미 치세요.

(높아 , 낮아)진다

❷ 노동자와 회사 간에 임금 문제가 발생하여 국가가 해결하기 위해 만든 제도는 무엇인가요?

☐☐☐☐☐☐

❸ 2024년 대한민국의 최저 임금은 얼마인가요?

☐,☐☐☐ 원

생각 쑥쑥

노동자 입장에서 임금이 낮으면 생활이 안정적이지 못해 힘들 것 같아. 최저 임금은 최대한 높이는 게 좋겠어.

무리한 임금 인상은 위험해. 회사의 수익이 줄어들면 그 회사는 성장이 어려워질 테고, 심하면 문을 닫을 수도 있으니까. 노동자들이 직장을 잃게 될 수도 있다는 말이지.

노동자 측과 회사 측이 만족하는 최저 임금을 회의로 결정하는 일은 쉽지 않아. 우리나라도 유럽 국가들처럼 물가가 오르는 만큼 그에 맞게 임금을 올리면 어떨까?

생각 열매

- 노동자 또는 회사 입장 중 하나를 골라 최저 임금을 어떻게 결정하는 게 좋을지 생각을 적어 보세요.

_____ 측 입장

어휘 쑥쑥

論爭
의논할 론(논) 다툴 쟁

논쟁 서로 의견이 다른 사람이 옳고 그름을 따짐

예 닭이 먼저인지 알이 먼저인지에 대한 논쟁은 답이 없다.

物價
물건 물 값 가

물가 돈을 주고 살 수 있는 물건이나 서비스의 값

예 국가는 물가 안정을 위해 노력해야 한다.

比率
견줄 비 비율 율

비율 비교하여 서로 몇 배인지 수치로 나타낸 것

예 소금과 설탕의 비율이 맞아야 음식이 맛있다.

생각 정리

☐☐을 줄이기 위해 최저 임금을 ☐☐ 변동에 따라 ☐☐로 정하는 것도 고려해야 한다.

사회 35

노예 해방과 신 노예 제도, 그리고 갑질
피부색뿐 아니라 돈, 힘, 권력에 관계없이 자유로워야

월   일

노예 해방 **선언**은 1863년 미국의 16대 대통령인 에이브러햄 링컨(Abraham Lincoln, 1809~1865)에 의해 발표됐습니다. 당시 미국은 남부와 북부로 나뉘어 전쟁을 하고 있었는데, 노예 해방 선언으로 흑인들이 대거 북부군에 지원하면서 링컨이 이끄는 북부가 승리하게 되었죠. 하지만 노예 해방을 선언한 링컨은 두 해 지난 1965년 암살범의 총에 맞아 사망했습니다.

링컨의 선언대로 흑인과 백인은 법적으로 평등합니다. 하지만 미국은 아직까지 **인종 차별**로 몸살을 앓고 있어요. 우리나라 역시 조선 시대까지만 해도 미국의 노예 제도와 비슷한 노비 제도가 있었고요. 물론 민주주의 국가가 되고 난 뒤 양반이나 천민 같은 차별은 사라졌지만 노예 제도는 또 다른 모습으로 우리 사회를 아프게 하고 있습니다. 바로 **갑질**입니다.

갑질은 신 노예 제도라 할 정도로 우리 사회에 **만연**해 있어요. 모두가 그렇지는 않지만 돈과 권력을 가진 사람 중 일부가 그렇지 못한 사람에게 갑질을 하는 경우가 종종 있기 때문입니다. 대한항공 땅콩 회항 사건부터 대기업 회장의 **보복** 폭행 사건, 운전기사 **학대** 사건 등 사회적 논쟁거리가 된 경우를 제외하고도 직장 내 갑질 또한 적지 않지요. 돈, 힘, 권력에 관계없이 모두가 진정으로 평등한 사회가 되었으면 좋겠습니다.

- **노예**: 남에게 자유를 빼앗겨 이용당하는 사람이나 계층
- **선언**: 자신의 주장이나 뜻을 널리 펴서 알림
- **인종 차별**: 특정한 인종에게 불평등을 강요하는 일
- **갑질**: 지위가 높은 자가 상대를 함부로 대하는 짓
- **만연**: 널리 퍼짐
- **보복**: 자기가 받은 해만큼 돌려주는 것
- **학대**: 몸이나 마음을 괴롭히고 힘하게 대함

생각 씨앗

❶ 신문 기사를 소리 내어 읽었나요? ☐

❷ 기사의 제목을 적어 보세요.

----

❸ 기사에서 많이 나온 주요 단어는 무엇인가요?

ㄴ ㅇ
☐ ☐

생각 톡톡

❶ 1863년 노예 해방을 선언한 사람은 누구인가요?

☐ ☐ ☐ ☐ ☐ ☐ ☐

❷ 조선 시대 양반과 천민을 차별했던 제도는 무엇인가요?

☐ ☐ 제도

❸ 갑질에 대한 설명으로 옳지 않은 것은 무엇인가요? (　　)

① 우리 사회에 만연하다.
② 주로 권력을 가진 사람이 한다.
③ 직장 내 갑질은 점점 줄어들고 있다.
④ 우리 사회를 점점 병들게 하고 있다.

생각 쑥쑥

과거 노예 제도나 노비 제도를 보면 인간은 차별하는 유전자를 가진 것 같아. 지금도 갑질이라는 이름으로 자기보다 돈과 권력이 없는 사람들을 차별하잖아.

미국 남북 전쟁에서 노예 제도를 폐지하자는 쪽이 승리한 걸 보면 차별을 원치 않는 사람이 더 많아 보여. 갑질 역시 하는 사람보다 그렇지 않은 사람이 더 많잖아.

우리가 생활하는 교실에서도 갑질이 있을지 몰라. 무리지어 다니며 힘을 과시하는 행동도 갑질이라고 생각해.

생각 열매

- 일상생활에서 벌어지는 갑질에는 어떤 것이 있을까요? 갑질의 예를 들고 여러분의 생각을 적어 보세요.

갑질의 예

갑질에 대한 내 생각

어휘 쑥쑥

奴隷 종 노 / 종 예
노예 남에게 자유를 빼앗겨 이용당하는 사람이나 계층
예) 하루 종일 노예처럼 일했다.

差別 어긋날 차 / 다를 별
차별 차등을 두고 구별하는 것
예) 나이가 어리다고 차별해서는 안 된다.

蔓延 덩굴 만 / 끌 연
만연 널리 퍼짐
예) 생명을 가볍게 여기는 풍조가 만연하다.

생각 정리

과거 ☐☐ 제도부터 현대 갑질까지 사회에 ☐☐ 이 ☐☐ 하다.

생각 놀이터

- 차별이라는 단어 앞에서 함께 새겨볼 말

"차별은 모든 사람의 마음을 멍들게 한다."
프랑스 격언

"사람이 일하는 데 있어서 양반이든, 평민이든, 천민이 따로 있던가.
양반도 땅을 가졌으면 자기 손으로 일해야 한다."
다산 정약용

"모든 사람은 인종, 피부색, 성, 언어, 종교, 정치적 또는 기타의 견해, 민족적 또는 사회적 출신, 재산, 출생 또는 기타의 신분과 같은 어떠한 종류의 차별 없이 이 선언에 규정된 모든 권리와 자유를 향유할 자격이 있다."
_세계 인권 선언 제2조_

- 차이인 것에는 O, 차별인 것에는 X표 하세요.

차이와 차별 알기 OX 퀴즈

	질문	O/X
1	키 130cm 이하는 워터 슬라이드를 탈 수 없습니다.	
2	흑인은 고속 버스를 이용할 수 없습니다.	
3	남자는 여자 화장실을 이용할 수 없습니다.	
4	가정에서 밥은 항상 엄마가 해야 합니다.	

정답 1. O / 2. X / 3. O / 4. X

NEWS 1호

8주차

8주차
주간 학습 계획표

회차	영역	신문 기사	학습 계획일
36	문화	병든 왕자와 건강한 거지, 당신의 선택은?	월 일
37	과학	내가 벌새라고요?	월 일
38	경제	환율이 뭐예요?	월 일
39	환경	페트병 비닐 라벨, 누가 떼어야 할까?	월 일
40	사회	MBTI 성격 검사, 어디까지 활용해야 하나?	월 일

문화

36 병든 왕자와 건강한 거지, 당신의 선택은?

쇼펜하우어가 남긴 인생의 명언들

 월   일

    건강이 먼저인지 행복이 먼저인지 묻는다면 대답하기가 쉽지 않습니다. 하지만 독일의 **철학자** 쇼펜하우어는 주저 없이 **건강**이라 답할 거예요. 그는 "병든 왕자보다 건강한 거지가 더 낫다"라는 명언을 남겼거든요. **명언**은 사리에 맞는 훌륭한 말을 의미하죠.

    쇼펜하우어는 부유한 상인의 **장남**으로 태어났어요. 아버지는 쇼펜하우어를 자신과 같은 상인으로 키우고 싶었지만 쇼펜하우어는 학자가 되고 싶어 했죠. 쇼펜하우어 어머니가 실력 있는 **문필가**였거든요. 어머니의 재능을 물려받은 덕인지 쇼펜하우어는 수많은 명언을 남겼어요.

    "모든 불행의 시작은 다른 사람과 비교하는 데서 시작된다."

    다른 사람과 나를 비교하지 않을 수는 없겠지만 서로 다름을 인정하면 불행의 크기가 줄어들 거예요. 불행은 대부분 나보다 잘난 사람들과의 비교에서 오니까요. 또 쇼펜하우어는 일이 생각대로 되지 않을 땐 그냥 활짝 웃으라고 조언했어요. "행복해야 웃을 수 있는 게 아니고 웃을 수 있어서 행복한 것이다."

    쇼펜하우어의 말은 훗날 과학적으로도 증명되었어요. 그냥 웃기만 해도 엔도르핀과 세로토닌, 도파민 같은 신경 전달 물질이 분비되어 **면역력**을 높여 주기 때문이죠. 토론토 대학의 캐롤라인 캐쳐 크로머 박사 연구팀에 의하면 자연스러운 웃음은 스트레스 호르몬인 코르티솔 수치를 32%나 감소시켜 준다고 합니다.

- **철학자**: 철학을 전문으로 연구하는 사람
- **건강**: 몸과 정신이 아무 탈이 없이 튼튼함
- **명언**: 사리에 맞는 훌륭한 말
- **장남**: 그 집안에서 가장 큰아들
- **문필가**: 글을 써서 발표하는 일을 하는 사람
- **면역력**: 몸 안에 병원균이 공격할 때 저항하는 능력

생각 씨앗

❶ 신문 기사를 소리 내어 읽었나요? ☐

❷ 기사의 부제목을 적어 보세요.

----

❸ 기사에서 많이 나온 주요 단어는 무엇인가요?

ㅅ　ㅍ　ㅎ　ㅇ　ㅇ
☐　☐　☐　☐　☐

생각 톡톡

❶ 사리에 맞는 훌륭한 말을 ☐☐ 이라고 해요.

❷ 쇼펜하우어 가족의 직업은 무엇인가요?

쇼펜하우어	☐☐☐
쇼펜하우어 아버지	☐☐
쇼펜하우어 어머니	☐☐☐

❸ 쇼펜하우어가 남긴 명언이 <u>아닌</u> 것은 무엇인가요? (　)

① 병든 왕자보다 건강한 거지가 낫다.
② 나는 생각한다. 그러므로 나는 존재한다.
③ 모든 불행의 시작은 다른 사람과 비교하는 것에서 시작한다.
④ 행복해야 웃을 수 있는 게 아니고 웃을 수 있어서 행복한 것이다.

생각 쑥쑥

나는 "병든 왕자보다 건강한 거지가 낫다"라는 말이 좋아. 아무리 돈과 명예가 있어도 아프면 다 소용없거든.

난 "모든 불행의 시작은 다른 사람과 비교하는 데서 시작된다"라는 말이 좋아. 앞으로 내 삶에서 행복을 찾아볼래.

"행복해야 웃을 수 있는 게 아니고 웃을 수 있어서 행복한 것이다"라는 말에서 진심이 느껴져. 이제 힘든 일이 있을 때마다 더 크게 웃어 보려고. 하하하 호호호.

생각 열매

- 여러분은 쇼펜하우어의 명언 중 어느 말이 가장 좋은가요? 한 가지를 선택한 뒤 이유를 적어 보세요.

명언
이유

어휘 쑥쑥

哲學者 밝을 철 / 배울 학 / 놈 자
철학자 철학을 전문으로 연구하는 사람
예) 쇼펜하우어는 독일의 유명한 철학자다.

名言 이름 명 / 말씀 언
명언 사리에 맞는 훌륭한 말
예) 쇼펜하우어는 수많은 명언을 남겼다.

健康 튼튼할 건 / 편안할 강
건강 몸이나 정신에 아무 탈이 없이 튼튼함
예) 돈보다 건강이 중요하다.

생각 정리

☐☐☐ 쇼펜하우어의 ☐☐ 에는 ☐☐ 에 대한 중요성이 담겨 있다.

과학 37

내가 벌새라고요?
꿀벌보다 더 부지런한 박각시나방

월   일

　우리나라는 벌새의 **서식지**가 아니에요. 하지만 벌새를 보았다며 사진과 영상을 올리는 사람들이 적지 않죠. 심지어 텔레비전 방송에서 박각시나방을 벌새로 **착각**한 채 방송하는 경우도 종종 있습니다. 그렇다면 진실은 무엇일까요?

　사람들이 벌새라고 착각하는 건 박각시나방이에요. 날개를 편 벌새의 길이가 14cm에 몸무게가 3g 정도인데, 다 큰 박각시나방도 이와 비슷한 덩치를 가지고 있어요. 게다가 박각시나방 역시 벌새처럼 공중에 뜬 채 한 자리에서 꿀을 빨아 먹기 때문에 벌새로 **오인**하기 쉽죠. 하지만 낮에 활동하는 벌새와 달리 박각시나방은 **야행성**이라 주로 밤에 활동해요. 벌이나 나비만 꽃의 **수분**을 돕는다고 생각할 수 있는데, 사실 박각시나방을 비롯한 대부분의 나방은 꿀을 빨아 먹으며 꽃의 수분을 돕습니다. 심지어 벌보다 더 많은 종류의 꽃을 수분시키는 숨은 주인공이 바로 나방들이랍니다.

　박각시나방은 날갯짓하는 속도가 매우 빨라 공중에 멈추는 **정지 비행**도 가능하고, 이동 속도 또한 매우 빨라요. 벌의 비행 속도가 보통 시속 15km 내외인데 박각시나방의 비행 속도는 그 세 배가 넘는 시속 50km 내외나 된답니다.

- **서식지**: 동물이 보금자리를 만들어 사는 장소
- **착각**: 실제와 다르게 잘못 느끼거나 지각함
- **오인**: 잘못 보거나 그릇되게 인식함
- **야행성**: 밤에만 활동하는 동물의 습성
- **수분**: 암술에 수술의 꽃가루를 붙여 줌
- **정지 비행**: 공중에서 정지한 채 떠 있는 상태

생각 씨앗

① 신문 기사를 소리 내어 읽었나요? ☐

② 기사의 부제목을 적어 보세요.

_____

③ 기사에서 많이 나온 주요 단어는 무엇인가요?

ㅂ	ㄱ	ㅅ	ㄴ	ㅂ

생각 톡톡

① 박각시나방은 야행성이라 주로 ☐ 시간에 활동합니다.

② 박각시나방에 대한 설명으로 옳지 <u>않은</u> 것은 무엇인가요? ( )
  ① 우리나라는 박각시나방의 서식지가 아니다.
  ② 밤에 피는 꽃들의 수분을 돕는다.
  ③ 날갯짓 속도가 빨라 정지 비행이 가능하다.
  ④ 벌이 비행하는 속도보다 더 빠르다.

③ 사람들이 박각시나방을 벌새로 착각하는 까닭은 무엇인가요?

_____

_____

_____

생각 쑥쑥

부지런한 꿀벌도 꽃에 앉아서 꿀을 빨아 먹는데 박각시나방은 공중에 멈추어 꿀을 먹는다고? 와, 얼마나 힘들까?

밤에 피는 꽃들의 수분은 누가 돕나 했는데 나방들이었구나! 무섭게 생긴 모습만 보고 오해를 한 것 같아.

맞아, 눈에 보이는 게 전부가 아니야. 낮에 꿀벌이 열심히 일하는 것처럼 박각시나방을 비롯한 다른 나방들은 밤에 열심히 일하고 있었네.

생각 열매

- 박각시나방은 밤이 되면 꽃의 암술에 수술의 꽃가루를 붙여 주는 수분을 하러 돌아다녀요. 식물은 수분이 되어야 열매를 맺을 수 있답니다. 부지런히 꽃들을 수분하러 다니는 박각시나방에게 칭찬의 말을 전해 보세요.

어휘 쑥쑥

夜 行 性 밤야 다닐행 성품성
야행성 밤에만 활동하는 동물의 습성
예) 부엉이와 박각시나방은 야행성이다.

停 止 飛 行 머물정 그칠지 날비 다닐행
정지비행 공중에서 정지한 채 떠 있는 상태
예) 정지 비행이 가능한 동물은 많지 않다.

授 粉 줄수 가루분
수분 암술에 수술의 꽃가루를 붙여 줌
예) 수분되지 못한 꽃은 열매를 맺지 못한다.

생각 정리

대부분 ☐☐☐ 인 박각시나방은 ☐☐☐☐ 하며 밤에 피는 꽃의 ☐☐ 을 돕는다.

경제 38

환율이 뭐예요?

우리나라 화폐를 다른 나라에서 사용하려면

우리나라 가게에서 우리나라 화폐인 원화로 물건을 사는 건 아주 쉬운 일이에요. 하지만 다른 나라에 가서 물건을 살 때 원화를 내밀면 상대가 고개를 갸우뚱하지요. **거래**가 쉽게 이루어지지도 않고요. 왜일까요?

이유는 간단해요. 그 나라는 원화를 사용하지 않기 때문이에요. 나라마다 사용할 수 있는 약속된 화폐가 있어요. 보통의 경우 그 나라에서 **발행**한 화폐를 사용하고, 때에 따라 특정한 나라의 화폐를 받아 주기도 하죠. 여러 나라가 약속해서 같은 화폐를 사용하기도 해요. 어찌 되었든 약속된 화폐만 사용할 수 있지요.

그래서 우리나라 사람이 다른 나라로 여행을 갈 때는 원화가 가진 값을 매겨서 다른 나라의 화폐와 교환해요. 이때 필요한 게 바로 **환율**이랍니다. 다시 말해 환율은 다른 나라 화폐에 대한 우리나라 화폐의 가치를 비율로 따진 걸 의미하죠.

세계적으로 가장 많이 알려지고 **통용**되는 **화폐**는 미국의 달러화와 유럽의 유로화, 그리고 일본의 엔화예요. 달러화는 우리나라 원화로 **환전**하면 2024년 2월을 기준으로 1달러에 1,300원 정도이고, 유로화는 1달러에 1,400원, 그리고 엔화는 100엔에 900원 정도입니다.

- **거래**: 서로 오고 가거나 무엇을 주고받는 것
- **발행**: 화폐나 책 등을 만들어 사회에 널리 쓰이도록 내놓음
- **환율**: 한 나라 화폐에 대한 다른 나라 화폐의 가치를 비율로 따진 것
- **통용**: 서로 넘나들어 두루 쓰임
- **화폐**: 상품과 교환할 수 있는 지불 수단, 돈
- **환전**: 서로 다른 종류의 화폐를 가치에 맞게 바꿈

생각 씨앗

❶ 신문 기사를 소리 내어 읽었나요? ☐

❷ 기사의 제목을 적어 보세요.

----

❸ 기사에서 많이 나온 주요 단어는 무엇인가요?

ㅎ	ㅍ

생각 톡톡

❶ 우리나라 화폐는 무엇인가요?

❷ 기사 내용 기준으로 미국 화폐 2달러는 원화로 얼마인가요?

☐,☐☐☐ 원

❸ 화폐와 환율에 관한 설명으로 옳은 것은 무엇인가요? (   )

① 화폐를 서로 값어치에 따라 교환하는 것이다.
② 미국의 1달러를 우리나라 화폐로 교환하면 1원이다.
③ 유럽은 달러화라는 공동 화폐를 사용한다.
④ 일본의 엔화는 우리나라 화폐로 바꿀 수 없다.

생각 쑥쑥

태국 여행 갈 때 우리나라 원화를 태국의 바트로 환전해서 갔었어. 100바트가 4,000원 정도였는데 가장 많이 쓴 것 같아. 우리나라 만 원짜리처럼 쓸 일이 많았어.

지난 방학 때 가족과 동유럽 여행을 다녀왔어. 독일과 오스트리아는 유로화를 사용했는데 체코는 환전해야 하더라고. 환전할 필요 없이 모든 나라가 같은 화폐를 사용하면 어떨까?

전 세계가 같은 화폐를 사용하면 편리한 점도 있겠지만 나라마다 화폐 가치가 달라서 곤란한 상황이 생길 거야. 공용 화폐인 유로화를 쓰고 있는 유럽 국가들도 이 문제로 고민하고 있대.

생각 열매

- 전 세계 모든 나라들이 같은 화폐를 쓰면 어떨까요? 의견을 적고, 이유도 함께 써 보세요.

어휘 쑥쑥

貨 幣 (재물 화, 화폐 폐)
화폐 상품과 교환할 수 있는 지불 수단, 돈
예) 유럽은 공용 화폐인 유로화를 사용한다.

換 錢 (바꿀 환, 돈 전)
환전 서로 다른 종류의 화폐를 가치에 맞게 바꿈
예) 해외 여행을 가려면 그 나라 화폐로 환전해야 한다.

通 用 (통할 통, 쓸 용)
통용 서로 넘나들어 두루 쓰임
예) 미국의 달러화는 국제적으로 통용되는 화폐다.

생각 정리

☐☐를 ☐☐하면 다른 나라에서 ☐☐된다.

환경 39

페트병 비닐 라벨, 누가 떼어야 할까?
병과 라벨을 같은 재질로 만들면 되어요

월   일

마트나 편의점에서 페트병에 든 음료수를 산 후 **라벨**을 떼려다 고생한 경험이 한 번씩은 있을 거예요. 예전에 비해 많이 나아졌지만 여전히 페트병 라벨을 떼기 힘든 제품들이 수두룩해요.

페트병 라벨을 붙이는 방법은 크게 띠 라벨(OPP), 수축 필름 라벨, 감압 접착식 라벨(PSA)의 세 가지로 나뉘어요. 이 중 라벨을 떼기 가장 어려운 것이 바로 감압 접착식 라벨이에요. 비닐을 벗긴다고 해도 열에 의해 딱 달라붙어 있는 부분 때문에 완전한 **분리**가 어렵기 때문이지요.

그렇다면 물건을 구입하여 사용하는 사람과 물건을 **제작**해서 파는 사람 중 누가 라벨을 떼는 게 맞을까요? 우리나라의 경우 분리수거에 대한 의무가 현재는 물건을 구입한 사람에게 있습니다. 그래서 분리수거를 제대로 하지 않고 버렸다가는 **과태료**를 내야 하죠.

다른 나라의 경우는 어떨까요? 유럽이나 일본 등 **재활용**을 잘하는 나라에서는 페트병에 아예 라벨이 없거나 라벨을 페트병과 동일한 재질로 만들어 따로 분리할 필요가 없도록 하고 있습니다. 라벨이 있더라도 페트병 **수거** 업체에서 기계로 라벨을 분리하죠. 이에 우리나라도 유럽이나 일본처럼 무라벨 또는 페트병과 동일한 재질의 라벨을 만들려는 움직임이 일어나고 있습니다. 분리수거의 불편을 더는 것을 넘어 환경을 생각할 때 바람직한 변화라는 생각이 드네요.

- **라벨**: 상품 이름을 인쇄하여 붙여 놓은 것
- **분리**: 서로 나뉘어 떨어지거나 떨어지게 함
- **제작**: 일정한 재료를 사용하여 만듦
- **과태료**: 의무를 이행하지 않은 사람에게 물게 하는 돈
- **재활용**: 낡거나 못 쓰게 된 물건을 손질하여 다시 이용함
- **수거**: 다 쓴 물건 따위를 거두어 감

생각 씨앗

❶ 신문 기사를 소리 내어 읽었나요? ☐

❷ 기사의 제목을 적어 보세요.

----

❸ 기사에서 많이 나온 주요 단어는 무엇인가요?

ㄹ ㅂ
☐ ☐

생각 톡톡

❶ 페트병에 라벨을 붙이는 방법 중 떼기 가장 어려운 것은?

☐ ☐ ☐ ☐ ☐

❷ 페트병 라벨을 분리하지 않고 버리면 ☐ ☐ ☐ 를 물어야 해요.

❸ 페트병 라벨 분리에 관한 설명으로 옳지 않은 것은 무엇인가요? ( )

① 감압 접착식 라벨은 분리하기가 어렵다.
② 우리나라는 라벨을 만든 회사에서 분리해 준다.
③ 페트병과 라벨을 같은 재질로 만들면 분리가 필요 없다.
④ 우리나라도 무라벨 페트병을 만들려는 움직임이 생기고 있다.

생각 쑥쑥

요즘 페트병을 보면 아예 라벨이 없거나 떼기 쉬운 재질의 라벨로 바뀌어 가고 있는 것 같아. 만들 때부터 환경을 고려한다면 얼마나 좋을까?

유럽이나 일본처럼 회사에서 라벨 분리에 대한 부분을 책임지도록 하면 좋겠어. 라벨을 제대로 떼지 않아서 과태료를 내는 건 억울하거든.

회사 입장에서는 비용이 드는 일이니 고민이 있을 거야. 게다가 라벨이 없으면 홍보가 어려워지니 바로 바꾸기가 쉽지 않지.

생각 열매

- 페트병에 붙은 라벨을 떼는 것은 누구의 의무일까요? 여러분의 의견을 적어 보세요.

어휘 쑥쑥

製作
지을 제 / 지을 작

제작 일정한 재료를 사용하여 만듦

예) 마을에서 특별한 눈썰매를 제작했다.

分離
나눌 분 / 떠날 리

분리 서로 나뉘어 떨어지거나 떨어지게 함

예) 물은 수소와 산소로 분리된다.

再活用
두 재 / 살 활 / 쓸 용

재활용 낡거나 못 쓰게 된 물건을 손질하여 다시 이용함

예) 환경을 지키려면 자원을 재활용해야 한다.

생각 정리

☐☐ 업체가 라벨을 ☐☐ 하기 쉽게 만들어야 ☐☐☐ 하기가 쉽다.

사회 40

MBTI 성격 검사, 어디까지 활용해야 하나?

참고는 할 수 있지만 과도한 이용은 자제해야

월 일

서로의 MBTI를 물으며 성격에 관한 이야기를 나누는 모습이 낯설지 않은 요즘입니다. 단순히 이야기를 나누는 건 모르겠지만 이것으로 친구를 판단하거나 회사의 직원을 뽑는다면 어떨까요?

MBTI는 미국의 캐서린 쿡 브릭스(K. Briggs)와 그의 딸 이사벨 브릭스 마이어스(I. Myers)가 만든 성격 유형 **지표**로, 사람의 성격을 4가지 기준에 따라 16가지 유형으로 분류합니다.

첫 번째 외향형(E)과 내향형(I)은 다른 사람과 어울릴 때 몸에 힘이 생기면 E형, 그렇지 않으면 I형. 두 번째 감각형(S)과 직관형(N)은 경험을 중시하면 S형, 느낌이나 **영감**을 중시하면 N형. 세 번째 사고형(T)과 감정형(F)은 사실 중심이면 T형, 사람과의 관계를 중시하면 F형. 네 번째 판단형(J)과 인식형(P)은 평소 계획을 세우고 철저히 지키면 J형, **즉흥**적으로 일하고 **융통성**이 있으면 P형이라고 봅니다. 이 중 가장 **극단**적인 성격으로는 조용하고 **신중**하며 책임감이 강한 ISTJ형과 열정적이고 따뜻한 성격에 상상력이 풍부해 **사교성**이 좋은 ENFP형을 들 수 있어요.

최근 우리나라 기업에서 직원을 채용할 때 MBTI를 활용해 선발한 경우가 있었지요. 이에 해외 언론은 과도한 이용이라며 비판하기도 했습니다. 왜냐하면 MBTI 검사는 자신이 어떠한 성격을 가졌는지 스스로 응답한 결과로 유형을 판단하기 때문이죠. 만약 회사에서 ISTJ형을 필요로 한다면 ENFP형인 사람도 얼마든 ISTJ형인 사람처럼 연기할 수 있을 거예요.

- **지표**: 어떤 것의 기준이 되는 표적
- **영감**: 어떤 일에 대해 번득이며 떠오르는 생각
- **즉흥**: 그 자리에서 바로 일어나는 감흥이나 기분
- **융통성**: 형편이나 경우에 따라 일을 막힘없이 처리하는 능력
- **극단**: 한쪽으로 크게 치우침
- **신중**: 가볍게 행동하지 않고 조심스러움
- **사교성**: 남과 쉽게 사귀는 성질

생각 씨앗

❶ 신문 기사를 소리 내어 읽었나요? ☐

❷ 기사의 제목을 적어 보세요.

----

❸ 기사에서 많이 나온 주요 단어는 무엇인가요?

ㅅ　ㄱ
☐　☐

생각 톡톡

❶ MBTI는 사람의 성격을 몇 가지 유형으로 분류하나요?

☐☐ 가지

❷ 간이 MBTI를 알아볼까요? 여러분이 생각하는 자신의 성격에 표시하고, 나의 MBTI를 괄호 안에 적어 보세요. 그리고 여러분이 선택하지 않은 유형만 따로 모아 그 아래에 적어 보세요.

성격 특성	유형	유형	성격 특성
혼자 있는 걸 좋아한다.	I 내향형	E 외향형	어울리기 좋아한다.
경험을 중요시한다.	S 감각형	N 직관형	느낌을 중요시한다.
보이는 사실이 중요하다.	T 사고형	F 감정형	사람과 관계가 중요하다.
계획을 세우고 잘 지킨다.	J 판단형	P 인식형	즉흥적이고 융통성 있다.

나의 MBTI는 (　　　)이다.
나와 반대인 MBTI는 (　　　)이다.

생각 쑥쑥

이번에 MBTI 검사를 했는데 나는 ENFP가 나왔어. 평소 내 모습과 비슷하기는 하지만 마음에 들지는 않아. 난 좀 조용하고 계획적으로 사는 사람처럼 보이고 싶거든.

MBTI를 가지고 친구들과 이야기하면 재밌어. 하지만 내 생각과 다른 친구들도 많아. 다들 솔직하게 검사에 응한 게 아닌 거 같아.

MBTI는 검사자 스스로 응답한 결과로 성격 유형을 판단하기 때문에 마음만 먹으면 얼마든 바꿀 수 있어. 그런데 이 결과로 직원을 뽑은 회사도 있대.

생각 열매

- 업무에 맞는 직원을 뽑기 위해 MBTI를 활용하는 것에 동의하나요? 여러분의 의견과 이유를 적어 보세요.

내 의견   동의한다 ○   동의하지 않는다 ○

이유

어휘 쑥쑥

指 標
가리킬 지 표할 표

지표 어떤 것의 기준이 되는 표적

예 수달은 물 환경 특정의 지표 동물이다.

融 通 性
화할 융 통할 통 성품 성

융통성 형편이나 경우에 따라 일을 막힘없이 처리하는 능력

예 나는 융통성이 있다.

社 交 性
모일 사 사귈 교 성품 성

사교성 남과 쉽게 사귀는 성질

예 사회생활을 하려면 사교성이 좋아야 한다.

생각 정리

MBTI는 스스로 답하는 방식의 ☐☐ 라서 누구나 ☐☐☐ 있고 ☐☐☐ 좋은 사람으로 보일 수 있다.

생각 놀이터

- '무엇을 생각하고 있느냐'보다 '어떻게 생각하고 있는지'가 중요하다. _쇼펜하우어

- 용기는 두려움이 없는 게 아니라 두려움을 이겨내는 것이다. _넬슨 만델라

- 웃음이 없는 하루는 낭비된 하루다. _찰리 채플린

- 멈추지 않는 한 아무리 천천히 가도 괜찮다. _공자

- 상대방의 성장을 돕는 것이 진정한 인간관계다. _미셸 드 몽테뉴

- 솔직함은 서로를 가까이 이어주는 다리다. _로버트 파울러

- 이 중 가장 마음에 닿는 문장을 따라 적어 보세요. 그리고 [보기]와 같이 나만의 명언을 만들어 보세요.

[보기]

내가 고른 명언 웃음이 없는 하루는 낭비된 하루다 _찰리 채플린

내가 만든 명언 감동이 없는 하루는 낭비된 하루다 _김○○

내가 고른 명언

내가 만든 명언

NEWS 1호

어휘 익히기

1주차

회	어휘	확인
1	• 자연 번식: 암컷과 수컷이 인위적인 간섭 없이 자식을 낳는 것	☐
	• 임대: 돈을 받고 자기 물건을 남에게 빌려줌	☐
	• 소유: 가지고 있음	☐
	• 반환: 빌린 것을 되돌려줌	☐
	• 멸종: 생물의 한 종류가 없어짐	☐
	• 임대료: 빌려준 대가로 받는 돈	☐
2	• 열풍: 매우 세차게 일어나는 기운이나 기세	☐
	• 인공지능: 인간의 지적인 능력을 본떠 만든 인공 시스템	☐
	• 출시: 상품이 시중에 나옴	☐
	• 문맥: 문장 내용의 흐름	☐
	• 돌파: 일정한 기준이나 기록을 넘어섬	☐
	• 생산성: 일정 시간 동안 일을 해서 생산한 양	☐
	• 표절: 시나 글, 노래 따위를 지을 때 남의 작품 일부를 몰래 따다 씀	☐
3	• 간식: 끼니와 끼니 사이에 먹는 음식	☐
	• 호리병: 위와 아래가 둥글며 가운데가 잘록한 모양으로 생긴 병	☐
	• 표주박: 둥근 박을 반으로 쪼개어 만든 작은 바가지	☐
	• 섭취: 영양분을 빨아들임	☐
	• 당뇨: 당분이 많이 섞여 나오는 오줌	☐
	• 중독: 술이나 마약 따위를 지나치게 먹은 결과, 그것 없이는 견디지 못하는 상태	☐
4	• 기온: 공기의 온도	☐
	• 기후: 기온, 비, 눈, 바람 따위의 공기 상태	☐
	• 재앙: 지진, 홍수, 태풍 따위의 자연 현상으로 인한 불행한 일	☐
	• 폭염: 매우 심한 더위	☐
	• 폭우: 갑자기 세차게 쏟아지는 비	☐
	• 이변: 예상하지 못한 일	☐
5	• 발생: 어떤 일이나 사물이 생겨남	☐
	• 생존력: 죽지 않고 끝까지 살아남는 힘	☐
	• 번식력: 생물이 알이나 자식을 낳아 불리는 힘	☐
	• 내성: 약물을 자주 먹어 약효가 떨어지는 현상	☐
	• 퇴치: 물리쳐서 아주 완벽히 없애 버림	☐

2주차

회	어휘	확인
6	• 환경: 인간이 사는 자연, 생활하는 주위의 상태	☐
	• 사회적 책임: 기업이 물건을 만들고 팔면서 노동자를 비롯한 지역 사회 전체의 이익을 중요시하는 것	☐
	• 투명 경영: 환경과 사회 가치를 기업이 실현할 수 있도록 투명하고 신뢰할 수 있는 조직을 구성하여 부패를 방지하는 것	☐
	• 지속 가능성: 경제 성장과 환경 보전이 미래에도 균형 있게 유지되는 것	☐
	• 가치: 인간과의 관계로 지니게 되는 중요성, 사물의 쓸모	☐
	• 조직: 특정한 목적을 달성하기 위해 모인 집단	☐
7	• 세포: 생물체를 이루는 기본 단위	☐
	• 배양: 인공적인 환경을 만들어 동식물의 세포를 가꾸어 기름	☐
	• 식감: 음식을 먹을 때 감각	☐
	• 유전자 조작: 유전자를 인공적으로 바꾸는 일	☐
	• 선보이다: 물건의 좋고 나쁨을 가려 보이다.	☐
	• 대량 생산: 기계를 이용하여 같은 제품을 많이 만들어내는 일	☐
8	• 전기차: 전기의 힘으로 움직이는 자동차	☐
	• 극복: 악조건이나 고생 따위를 이겨냄	☐
	• 친환경: 자연을 오염시키지 않고 그대로의 환경과 잘 어울리는 일	☐
	• 화력 발전: 석탄, 석유, 천연가스 등을 연료로 전기를 얻는 발전 방식	☐
	• 폐기: 못쓰게 된 것을 버림	☐
	• 재생 에너지: 계속 써도 무한에 가깝도록 다시 공급되는 에너지	☐
9	• 첨단 기술: 수준이 높고 앞선 과학 기술	☐
	• 건설: 건물, 설비, 시설 따위를 새로 만들어 세움	☐
	• 랜드마크: 지역을 대표하는 독특한 지형이나 시설물	☐
	• 스마트 농장: 정보 기술을 이용하여 만든 농장	☐
	• 산업 단지: 공장들이 대규모로 지어진 장소	☐
	• 산악: 높고 험준하게 솟은 산들	☐
10	• 유래: 사물이나 일이 생겨남	☐
	• 간이 판매대: 상품을 팔고 늘어놓기 위한 간단한 매대	☐
	• 매점: 물건을 파는 작은 상점	☐
	• 단말기: 중앙에 있는 컴퓨터와 통신망으로 연결된 터치스크린 방식의 정보 입력기	☐
	• 초고령 사회: 전체 인구 가운데 65세 이상 노인 인구가 차지하는 비율이 20%가 넘는 사회	☐

3주차

회	어휘	확인
11	• 폐지: 실시하여 오던 제도나 법규, 일 따위를 그만두거나 없앰	☐
	• 혼란: 뒤죽박죽이 되어 어지럽고 질서가 없음	☐
	• 대접: 마땅한 예로서 대함	☐
	• 서열: 일정한 기준에 따라 순서대로 늘어섬	☐
12	• 절벽: 바위가 깎아 세운 것처럼 아주 높이 솟아 있는 낭떠러지	☐
	• 생산: 인간이 생활하는 데 필요한 각종 물건을 만들어 냄	☐
	• 소비: 돈이나 물건, 시간, 노력 따위를 들이거나 써서 없앰	☐
	• 사회 보장: 출산, 양육, 실업, 질병, 사망 따위의 사회적 위험으로부터 국민을 보호하고 국민의 삶의 질을 유지하는데 필요한 돈과 서비스	☐
	• 저출산: 사회 전체적으로 아이를 적게 낳음	☐
	• 소멸: 사라져 없어짐	☐
13	• 성당: 천주교의 종교 의식이 행해지는 집	☐
	• 완공: 공사를 완성함	☐
	• 기부: 돈이나 물건 따위를 대가 없이 내놓음	☐
	• 전차: 공중에 설치한 전선에서 전력을 받아 길에 깔린 선로 위를 오가는 작은 기차처럼 생긴 차량	☐
	• 설계도: 건축을 위해 구조, 치수 등을 그림으로 표시한 도면	☐
	• 박차: 어떤 일이 빠르게 일어나게 하려고 더하는 힘	☐
14	• 특정: 특별히 지정함	☐
	• 현상: 나타나 보이는 현재의 상태	☐
	• 판결: 시비나 선악을 판단하여 결정함	☐
	• 자유: 자기 마음대로 할 수 있는 상태	☐
	• 권리: 어떤 일을 할 때 당연히 요구할 수 있는 힘이나 자격	☐
	• 차별: 둘 이상의 대상을 각각 등급이나 수준을 두어 구별함	☐
	• 시니어(Senior): 어르신 / • 키즈(Kids): 아이들	☐
15	• 고도: 해수면을 0으로 하여 측정한 대상 물체의 높이	☐
	• 상공: 높은 하늘	☐
	• 탑재: 배, 비행기, 차 따위에 물건을 실음	☐
	• 주권: 가장 주요한 권리	☐
	• 비용: 어떤 일을 하는 데 드는 돈	☐
	• 독자적: 남에게 기대지 않고 혼자서 하는 것	☐
	• 안보: 편안히 보전됨	☐

4주차

회	어휘	확인
16	• 합성: 둘 이상의 것을 합쳐 하나를 이룸	☐
	• 혼란: 뒤죽박죽이 되어 어지럽고 질서가 없음	☐
	• 특수 효과: 특수한 기술로 만든 이미지나 시각적 요소로서 주로 영화 제작에 필요한 기술	☐
	• 복원: 원래대로 회복함	☐
	• 음란: 음탕하고 난잡함	☐
17	• 유통: 상품이 생산자에서 소비자까지 도달하는 과정	☐
	• 소비: 돈이나 물자, 시간, 노력 따위를 들이거나 써서 없앰	☐
	• 시행: 시험적으로 행함	☐
	• 섭취: 양분 따위를 몸속에 넣는 일	☐
	• 소비자: 상품을 소비하는 사람	☐
	• 기한: 미리 한정하여 놓은 시기	☐
	• 감축: 덜어서 줄임	☐
18	• 유난: 언행이나 상태가 보통과 아주 다름	☐
	• 안주: 술을 마실 때 곁들여 먹는 음식	☐
	• 회식: 여러 사람이 모여 함께 음식을 먹음	☐
	• 보충제: 필요한 영양분을 보충할 목적으로 생산, 판매되는 의약품	☐
	• 돌풍: 갑작스럽게 사회적으로 많은 관심을 끄는 현상	☐
19	• 인격: 사람으로서의 품격	☐
	• 기념일: 해마다 그 일이 있었던 날을 기억하는 날	☐
	• 강점기: 남의 영토, 권리 따위를 강제로 차지한 시기	☐
	• 공식화: 국가와 사회에 관계된 정해진 방식이 됨	☐
	• 고취: 의견이나 사상 따위를 열렬히 주장하여 불어넣음	☐
	• 혼동: 구별하지 못하고 뒤섞여 생각함	☐
20	• 설립: 기관이나 조직체 따위를 만들어 일으킴	☐
	• 유래: 사물이나 일이 생겨남	☐
	• 특산물: 어떤 지역의 특별하게 생산되어 나온 물건	☐
	• 두건: 헝겊 따위로 만들어서 머리에 쓰는 물건	☐
	• 관계자: 어떤 일에 관련이 있는 사람	☐
	• 당분간: 앞으로 얼마간	☐

5주차

회	어휘	확인
21	• 문화 : 사회 구성원에 의해 배우고, 익히고, 나누며 전달되는 행동 양식	☐
	• 글로벌: 세계적인	☐
	• 콘텐츠: 인터넷 통신망을 통해 제공하는 정보	☐
	• 강국 : 어떤 분야에서 국가의 능력이 뛰어나 능력을 인정받는 나라	☐
	• 작품 : 예술 창작의 결과물	☐
	• 매출 : 물건을 내어 파는 것	☐
	• 박람회 : 만든 물건이나 작품을 널리 알리기 위해 여는 전람회	☐
	• 위상 : 어떤 사람이나 일이 특정한 상황에서 처한 위치나 상태	☐
22	• 오염 : 공기나 물, 환경 따위가 더러워지거나 해로운 물질에 물드는 것	☐
	• 이주 : 거주지를 다른 곳으로 옮겨서 삶	☐
	• 테라포밍 : 지구가 아닌 다른 천체의 환경을 지구와 비슷하게 만드는 것	☐
	• 대기 : 지구 중력에 의해 지구를 둘러싸고 있는 기체	☐
	• 일침 : 따끔한 충고를 비유적으로 이르는 말	☐
23	• 멀티태스킹 : 동시에 여러 가지 일을 하는 것	☐
	• 팬데믹 : 전염병이 전 세계적으로 크게 유행하는 현상	☐
	• 엔데믹 : 전염병이 사라지지 않고 주기적으로 발생하며 토착화된 상황.	☐
	• 가상공간 : 실제 존재하는 공간이 아닌 인터넷상에 존재하는 공간	☐
	• 개성 : 한 사람이 가지는 고유한 취향이나 특성	☐
	• 존재 : 주위의 주목을 받을 만한 사람이나 대상	☐
24	• 영하: 섭씨온도계에서 눈금이 0℃ 이하의 온도	☐
	• 액체 질소: 액체 상태가 된 질소	☐
	• 발명: 전에 없던 물건이나 방법을 새로 생각하여 만들어냄	☐
	• 특허: 새로 발명한 것에 대한 여러 권리를 독점할 수 있는 권리	☐
	• 등록: 허가나 인정을 받기 위해 단체나 기관에 이름을 올림	☐
25	• 종합 예술: 분야가 다른 예술 요소를 모아 이루어지는 예술	☐
	• 음악극: 노래나 악곡을 통해 표현되는 연극	☐
	• 공연: 공개된 자리에서 연극이나 영화, 무용, 음악 따위를 상연함	☐
	• 전개: 이야기나 사건의 내용이 진전되어 펼쳐짐	☐
	• 정통: 어떤 분야에 대해 정확하고 깊이 있는 지식을 갖고 있음	☐
	• 로커: 록 음악을 하는 사람	☐
	• 주연: 연극이나 영화에서 주인공으로 출연하는 일	☐

6주차

회	어휘	확인
26	• 장담: 어떤 사실에 대하여 확신을 가지고 자신 있게 말함	☐
	• 창업자: 기업을 처음에 세우거나 시작한 사람	☐
	• 반납: 빌리거나 받은 것을 도로 돌려줌	☐
	• 연체료: 밀린 날짜에 따라 더 내는 돈	☐
27	• 전문: 한 분야에 대해 깊이 있는 지식과 경험을 가짐.	☐
	• 우후죽순: 어떤 일이 한때에 많이 생겨남을 비유적으로 이르는 말	☐
	• 향신료: 음식물에 향기롭거나 매운맛을 더하는 조미료	☐
	• 중독성: 그것 없이 생활을 하지 못하도록 하는 성질	☐
	• 함량: 한 물질에 다른 성분이 들어 있는 분량	☐
	• 체외: 몸의 바깥	☐
	• 배출: 불필요한 것을 안에서 밖으로 내보냄	☐
28	• 플랫폼: 평평한 모체 또는 어떤 것의 기반	☐
	• 이용자: 물건이나 시설, 서비스 따위를 이용하는 사람	☐
	• 미만: 정한 수효나 정도에 이르지 못함	☐
	• 가상현실: 실제와 비슷하게 만든 현실	☐
	• 증강현실: 현실 세계에 가상의 정보를 덧씌우는 것	☐
	• 사물인터넷: 사물에 통신 기능을 달아 인터넷을 통해 서로 통신하는 것	☐
	• 예견: 앞으로 다가올 일을 미리 내다보는 것	☐
29	• 창작자: 작품을 독창적으로 새롭게 만든 사람	☐
	• 복사: 원래의 것과 똑같이 만드는 것	☐
	• 무분별하다: 사리에 맞게 판단하거나 구별하는 능력이 없다.	☐
	• 공유: 두 사람 이상이 한 물건을 공동으로 가짐	☐
	• 대가: 어떤 일에 들인 노력이나 희생에 대해 받는 값	☐
	• 생계: 먹고 살아갈 방법이나 형편	☐
	• 만료: 정해진 기간이 다 차서 끝남	☐
	• 공표: 여러 사람들에게 공개하여 널리 알도록 하는 것	☐
30	• 강장제: 영양 상태를 돕는 약제	☐
	• 충치: 이의 단단한 부분이 침식되는 질환	☐
	• 법랑질: 이의 겉을 덮어 싸서 보호하는 한 겹의 단단한 물질	☐
	• 노출: 눈으로 보거나 알 수 있도록 드러남	☐
	• 혈당: 핏속에 포함된 포도당	☐
	• 합성: 둘 이상의 것을 합하여 하나가 되도록 함	☐
	• 감미료: 단맛을 내는 데 쓰는 재료를 통틀어 이르는 말	☐
	• 발암: 암이 생김	☐

7주차

회	어휘	확인
31	• 토종: 본디 그 지역에서 나거나 자라는 동물이나 식물	☐
	• 터전: 생활의 근거지가 되는 곳	☐
	• 생태계: 생물이 태어나고 자라며 살아가는 데 필요한 생물군과 환경	☐
	• 포획: 짐승이나 물고기를 잡음	☐
	• 식용: 먹을 것으로 씀	☐
	• 위협: 힘으로 으르고 협박함	☐
	• 의사: 무엇을 하고자 하는 생각	☐
	• 취급: 여기거나 그에 맞는 태도로 다루는 것	☐
32	• 원격: 공간적으로 멀리 떨어져 있음	☐
	• 무인: 사람이 없음	☐
	• 접목: 두 가지 이상의 다른 것을 알맞게 조화시킴	☐
	• 신개념: 전과 다른 새로운 지식이나 관념	☐
	• 개발: 연구하여 새로운 것을 만들어냄	☐
	• 규칙: 모두가 지키기로 약속한 법칙	☐
33	• 본연: 본디부터 그러함	☐
	• 인위적: 사람의 힘으로 이루어지는 것	☐
	• 조작: 기계나 기구 따위를 일정한 방식에 따라 다루어 움직임	☐
	• 결합: 두 대상이 관계를 맺어 뭉치거나 합침	☐
	• 병충해: 농작물 등 식물이 병균이나 벌레에 의하여 입는 해	☐
	• 발생률: 어떤 대상이나 현상이 생겨나거나 나타나는 비율	☐
	• 가공: 천연의 것이나 완성되지 않은 것에 사람의 힘을 더함	☐
34	• 임금: 노동자가 일하고 받는 돈	☐
	• 경영: 사업이나 기업 등을 계획적으로 관리하고 운영함	☐
	• 삭감: 깎아서 줄임	☐
	• 해고: 직원을 직장이나 일터에서 내보냄	☐
	• 물가: 돈을 주고 살 수 있는 물건이나 서비스의 값	☐
	• 비율: 비교하여 서로 몇 배인지 수치로 나타낸 것	☐
	• 논쟁: 서로 의견이 다른 사람이 옳고 그름을 따짐	☐
35	• 노예: 남에게 자유를 빼앗겨 이용당하는 사람이나 계층	☐
	• 선언: 자신의 주장이나 뜻을 널리 펴서 알림	☐
	• 인종 차별: 특정한 인종에게 불평등을 강요하는 일	☐
	• 갑질: 지위가 높은 자가 상대를 함부로 대하는 짓	☐
	• 만연: 널리 퍼짐	☐
	• 보복: 자기가 받은 해만큼 돌려주는 것	☐
	• 학대: 몸이나 마음을 괴롭히고 험하게 대함	☐

8주차

회	어휘	확인
36	• 철학자: 철학을 전문으로 연구하는 사람	☐
	• 건강: 몸과 정신이 아무 탈이 없이 튼튼함	☐
	• 명언: 사리에 맞는 훌륭한 말	☐
	• 장남: 그 집안에서 가장 큰아들	☐
	• 문필가: 글을 써서 발표하는 일을 하는 사람	☐
	• 면역력: 몸 안에 병원균이 공격할 때 저항하는 능력	☐
37	• 서식지: 동물이 보금자리를 만들어 사는 장소	☐
	• 착각: 실제와 다르게 잘못 느끼거나 지각함	☐
	• 오인: 잘못 보거나 그릇되게 인식함	☐
	• 야행성: 밤에만 활동하는 동물의 습성	☐
	• 수분: 암술에 수술의 꽃가루를 붙여 줌	☐
	• 정지 비행: 공중에서 정지한 채 떠 있는 상태	☐
38	• 거래: 서로 오고 가거나 무엇을 주고받는 것	☐
	• 발행: 화폐나 책 등을 만들어 사회에 널리 쓰이도록 내놓음	☐
	• 환율: 한 나라 화폐에 대한 다른 나라 화폐의 가치를 비율로 따진 것	☐
	• 통용: 서로 넘나들어 두루 쓰임	☐
	• 화폐: 상품과 교환할 수 있는 지불 수단, 돈	☐
	• 환전: 서로 다른 종류의 화폐를 가치에 맞게 바꿈	☐
39	• 라벨: 상품 이름을 인쇄하여 붙여 놓은 것	☐
	• 분리: 서로 나뉘어 떨어지거나 떨어지게 함	☐
	• 제작: 일정한 재료를 사용하여 만듦	☐
	• 과태료: 의무를 이행하지 않은 사람에게 물게 하는 돈	☐
	• 재활용: 낡거나 못 쓰게 된 물건을 손질하여 다시 이용함	☐
	• 수거: 다 쓴 물건 따위를 거두어 감	☐
40	• 지표: 어떤 것의 기준이 되는 표적	☐
	• 영감: 어떤 일에 대해 번득이며 떠오르는 생각	☐
	• 즉흥: 그 자리에서 바로 일어나는 감흥이나 기분	☐
	• 융통성: 형편이나 경우에 따라 일을 막힘없이 처리하는 능력	☐
	• 극단: 한쪽으로 크게 치우침	☐
	• 신중: 가볍게 행동하지 않고 조심스러움	☐
	• 사교성: 남과 쉽게 사귀는 성질	☐

NEWS 1호

해답

1주차

01 본문 18쪽

생각 톡톡
1. 자연 번식
2. 러바오, 아이바오
3. 4월
4. 중국과 협의에 따라 만 4세 이전에 중국으로 보내야 한다.
5. 우리나라에서 태어난 판다를 중국에 보내려니 아쉬운 마음이 들기 때문이다

생각 정리
푸바오는 **멸종** 위기 동물로, **임대**를 마치고 중국에 **반환**되었다.

02 본문 22쪽

생각 톡톡
1. 인공지능
2. 1억
3. ④

생각 정리
챗GPT는 대화형 **인공지능** 서비스로, 2022년 **출시**되어 세계적인 **열풍**을 일으키고 있다.

03 본문 26쪽

생각 톡톡
1. 탕후루
2. 설탕, 박
3. 약 1000년 전
4. 소아 당뇨, 충치, 설탕 중독

생각 정리
당이 많이 들어 있는 탕후루는 아이들에게 인기 있는 **간식**으로, 많이 **섭취**하면 건강에 좋지 않다.

04 본문 30쪽

생각 톡톡
1. 1.5도
2. 지구 온난화
3. 지구 평균 기온이 1.5도 상승하면 10년에 한 번 올 법한 규모의 폭염, 집중 호우, 가뭄을 겪을 수 있다.

생각 정리
연평균 **기온**이 1.5도 기준점을 넘으면 **기후** 위기로 심각한 **재앙**이 닥칠 수 있다.

05 본문 34쪽

생각 톡톡
1. 50배
2. 달걀
3. 생존력과 번식력이 높고 살충제에 대한 내성이 크기 때문이다.

생각 정리
여기저기 **발생**하는 빈대는 **내성**이 커서 **퇴치**하기 어렵다.

2주차

06 본문 42쪽

생각 톡톡
1. 환경, 사회적 책임, 투명 경영
2. 환경, 책임, 지속
3. 햄버거를 만들고 판매하는 과정에서 친환경 제품을 사용하고, 기업이 번 돈을 우리나라 농업 발전을 위해 투자한다.

생각 정리
ESG를 실천하는 기업은 돈보다 환경을 생각하고, 우리 지역을 돕는 사회적 책임을 중요하게 생각한다.

07 본문 46쪽

생각 톡톡
1. 세포, 인공 고기
2. 환경 파괴가 덜하고 가축을 죽이지 않아도 된다.
3. 싱가포르

생각 정리
싱가포르에서는 세포를 키워서 만든 배양육을 판매하고 있다.

08 본문 50쪽

생각 톡톡
1. 2대
2. 기후 위기
3. 절반
4. 배터리로 인한 환경오염을 줄이고, 새로운 재생 에너지를 활용한 전기 생산에 투자해야 한다.

생각 정리
전기차를 사용하면 탄소 발생을 줄여 기후 위기를 극복할 수 있다.

09 본문 54쪽

생각 톡톡
1. 네옴시티
2. 새로운 미래
3. ③

생각 정리
네옴시티는 사우디아라비아에 건설되는 친환경 미래 도시다.

10 본문 58쪽

생각 톡톡
1. 키오스크
2. 주문 단계가 복잡하고 진행 버튼을 찾기 어렵기 때문이다. 그림이나 글씨가 잘 보이지 않고 뒷사람 눈치를 봐야 하는 경우도 있다. 시각 장애인은 음성 안내 기능이 있는 키오스크가 없어서 주문이 어렵다.
3. 초고령

생각 정리
노인과 장애인은 키오스크 사용이 불편하다.

3주차

11 본문 66쪽

생각 톡톡
① 6월
② ④
③ 많이 불편하다

생각 정리
한국식 나이가 폐지되고 만 나이로 통일되어서 혼란스럽지 않다.

12 본문 70쪽

생각 톡톡
① 15~64세
② 해리 덴트
③ ②

생각 정리
우리나라는 인구 절벽 현상과 심각한 저출산 문제로 국가 소멸 위기를 겪을 수 있다.

13 본문 74쪽

생각 톡톡
① 2026년
② 안토니 가우디
③ ④

생각 정리
천재 건축가 안토니 가우디가 설계한 사그라다 파밀리아 성당은 2026년에 완공될 예정이다.

14 본문 78쪽

생각 톡톡
① 노시니어 존
② 노키즈 존
③ 어린이 안전사고 발생으로 돈을 물어주게 되면서 노키즈 존이 생겼다.

생각 정리
특정 나이대 손님을 받지 않는 노 존 현상, 자유인가? 차별인가?

15 본문 82쪽

생각 톡톡
① 12년 3개월
② 일곱 번째
③ 네 차례
④ 우주를 개발하는 일은 국가 안보를 위해 중요하고 첨단 과학 기술 발전을 촉진하는 일이기 때문이다.

생각 정리
우리나라는 누리호 발사에 성공해서 우주 강국이 되었다.

4주차

16 본문 90쪽

생각 톡톡
1. 인공지능, 영상, 사진
2. ③

생각 정리
딥페이크 기술로 합성한 가짜 사진 때문에 사회적으로 큰 혼란이 벌어질 수 있다.

17 본문 94쪽

생각 톡톡
1. 2023년
2. 안전, 섭취, 기한
3. 유통 기한을 섭취 가능한 기한으로 알고 있는 소비자가 많아서 먹을 수 있는 음식물이 버려지기 때문이다.

생각 정리
소비 기한 표시제로 바꾸면 환경을 보호하고 음식물 쓰레기도 줄일 수 있다.

18 본문 98쪽

생각 톡톡
1. 600만 봉
2. 안주 과자
3. 기록적인 저출산이 이어지면서 더는 아이들이 과자의 소비층이 아니라는 게 증명되었기 때문이다.

생각 정리
기록적인 저출산으로 어른을 대상으로 한 안주 과자의 인기가 높아졌다.

19 본문 102쪽

생각 톡톡
1. 방정환
2. 1923년 5월 1일
3. 노동절과 겹친다는 이유로 1928년부터 5월 첫째 주 일요일로 변경되었다. 광복 이후 부활한 첫 기념식이 1946년 5월 5일에 열리면서 혼동을 막기 위해 5월 5일을 어린이날로 공식 지정했다.

생각 정리
최초의 어린이날은 5월 1일이었지만 노동절과 겹치면서 1961년 아동복지법에 따라 5월 5일로 지정되었다.

20 본문 106쪽

생각 톡톡
1. 성스러운 강
2. 헬로키티
3. 국내 캐릭터 산업이 크게 성장하고 나이 들기를 거부하고 젊은 삶을 살아가려는 어른이 많아졌기 때문이다.

생각 정리
국내 캐릭터 산업의 성장과 젊게 살려는 어른들이 늘어나면서 산리오 캐릭터가 폭발적인 인기를 끌고 있어요.

5주차

21 본문 114쪽

생각 톡톡
1. 웹툰
2. 일본, 미국, 태국, 프랑스
3. ③

생각 정리
우리 **문화**의 **위상**을 드높인 K웹툰이 수백억 **매출**을 기록했다.

22 본문 118쪽

생각 톡톡
1. 테라포밍
2. 20도, 150도
3. ①

생각 정리
지구가 **오염**되었다는 이유로 **대기**의 대부분이 이산화탄소로 이루어진 화성으로 **이주**하려는 것은 현실적이지 못하다.

23 본문 122쪽

생각 톡톡
1. 2010년, 2024년
2. ③
3. 생략

생각 정리
가상공간이 익숙한 알파 세대는 그들이 가진 **개성**으로 새로운 시대를 열어갈 **존재**다.

24 본문 126쪽

생각 톡톡
1. 과학자
2. 1년
3. ②

생각 정리
구슬 아이스크림은 **발명** 후 **특허**를 제때 **등록**하지 않아 특허권이 없다.

25 본문 130쪽

생각 톡톡
1. 브로드웨이
2. 오페라
3. ④

생각 정리
오페라는 **정통** 성악가 중심이지만 뮤지컬은 가수나 로커들이 **주연**을 맡기도 하는 **음악극**이다.

6주차

26 본문 138쪽

🟠 **생각 톡톡**
① 비디오 대여점
② 연체료
③ ③

🟠 **생각 정리**
리드 헤이스팅스는 비디오 반납이 늦어 연체료를 낸 덕에 넷플릭스의 창업자가 되었다.

27 본문 142쪽

🟠 **생각 톡톡**
① 쓰촨성
② 2,500mg
③ ④

🟠 **생각 정리**
마라탕은 나트륨 함량이 높기 때문에 나트륨을 체외로 배출해 주는 녹색 채소와 함께 먹는 것이 좋다.

28 본문 146쪽

🟠 **생각 톡톡**
① 메타버스
② ④

🟠 **생각 정리**
가상현실과 증강현실 기술로 이용자에게 가상 세계를 경험하게 하는 메타버스 시대가 열렸다.

29 본문 150쪽

🟠 **생각 톡톡**
① 창작자
② 생계
③ 창작가가 더 이상 창작 활동을 할 수 없다. 새롭게 나오는 창작물이 줄어든다.

🟠 **생각 정리**
창작자가 계속해서 창작 활동을 이어 가려면 무분별한 복사나 공유는 하지 말아야 한다.

30 본문 154쪽

🟠 **생각 톡톡**
① 강장제
② 비만, 당뇨, 심근경색
③ ①

🟠 **생각 정리**
제로 콜라는 설탕 대신 아스파탐이 들어 있어 혈당 관리에는 도움이 되지만 충치가 생기거나 발암 가능성이 있어요.

7주차

31 본문 162쪽

생각 톡톡
1. 1973년, 일본, 식용
2. 큰입배스, 뉴트리아, 꽃매미, 가시상추
3. ①

생각 정리
생태계 교란종은 자기들 의사와 관계 없이 포획되거나 괴물 취급을 받고 있다.

32 본문 166쪽

생각 톡톡
1. 군사
2. 2016년
3. ③

생각 정리
드론 축구는 드론과 축구를 접목해 개발한 신개념 레저 스포츠다.

33 본문 170쪽

생각 톡톡
1. 1,000만 톤
2. 병충해, 영양
3. 암, 문제
4. GMO 완전 표시제

생각 정리
식물 본연의 유전자를 조작하거나 결합해서 만든 GMO의 완전 표시에 대한 찬반이 대립 중이다.

34 본문 174쪽

생각 톡톡
1. 높아진다
2. 최저 임금 제도
3. 9,860원

생각 정리
논쟁을 줄이기 위해 최저임금을 물가 변동에 따라 비율로 정하는 것도 고려해야 한다.

35 본문 178쪽

생각 톡톡
1. 에이브러햄 링컨
2. 노비
3. ③

생각 정리
과거 노예 제도부터 현대 갑질까지 사회에 차별이 만연하다.

8주차

36 본문 186쪽

생각 톡톡
1. 명언
2. 철학자, 상인, 문필가
3. ②

생각 정리
철학자 쇼펜하우어의 명언에는 건강에 대한 중요성이 담겨 있다.

37 본문 190쪽

생각 톡톡
1. 밤
2. ①
3. 날개를 편 벌새의 길이가 14cm에 몸무게가 3g 정도인데, 다 큰 박각시나방도 이와 비슷한 덩치를 가지고 있어요. 게다가 박각시나방 역시 벌새처럼 공중에 뜬 채 한 자리에서 꿀을 빨아 먹기 때문입니다.

생각 정리
대부분 야행성인 박각시나방은 정지 비행하며 밤에 피는 꽃의 수분을 돕는다.

38 본문 194쪽

생각 톡톡
1. 원화
2. 2,600원
3. ①

생각 정리
화폐를 환전하면 다른 나라에서 통용된다.

39 본문 198쪽

생각 톡톡
1. 감압 접착식
2. 과태료
3. ②

생각 정리
제작 업체가 라벨을 분리하기 쉽게 만들어야 재활용하기가 쉽다.

40 본문 202쪽

생각 톡톡
1. 16가지
2. 각자의 MBTI를 적어 보세요.

생각 정리
MBTI는 스스로 답하는 방식의 지표라서 누구나 융통성 있고 사교성 좋은 사람으로 보일 수 있다.